人がうごく
コンテンツ
のつくり方

高瀬敦也

How to Create Contents

Atsuya Takase

CROSSMEDIA PUBLISHING

テレビ・音楽・出版・Web・広告・マンガ・

アニメ・アプリ・写真・動画・ゲーム・お店 etc…

コンテンツと言われるものをたくさんつくってきて、

わかってきたことがあります。

そのことを、今回、コンテンツにしてみました。

はじめに

「うちの会社はWebマーケティングに力を入れてきたけど、これからはやっぱりコンテンツマーケティングを重視すべきだと思うんだ。ちょっとコンテンツ考えてよ」

上司やクライアントから、こんな無茶振りされることってありませんか。

「コンテンツ」という言葉が出てきて久しいですが、そもそも「コンテンツ」とは何でしょうか。とりあえずググってみます。「中身」とあります。「はぁ」って感じですよね。

さきほどの無茶振りの文脈からは、なんとなく「人が集まるモノや、お金に繋がりそうなモノをつくって」と言われていることくらいは分かります。でも具体的にどうすればいいか悩みますよね。コンテンツが「中身」であるならば、それを包むモノ、言わば「外身」によっても意味が異なってきます。

（ちなみに、近頃では「ＩＰ」という言葉もありますが、ＩＰは本書ではコンテンツに内包されるものと考えています。コンテンツをＩＰと置き換えて読んで下さっても良いかと思います。）

一言で言うと、世の中のものはすべて「コンテンツ」です。

だから、難しく考える必要はありません。Ｗｅｂにある記事も、今日飲んだミネラルウォーターも、今着ている服も、みんな「コンテンツ」です。

正確には、「コンテンツになる可能性を秘めて」います。あらゆるモノ、商品やサービスはコンテンツになる可能性があるので、新しいモノを生み出す必要はありません。コンテンツにしていく、つまり「コンテンツ化」していくだけで大丈夫です。

もちろん「コンテンツ化」にはノウハウがあります。私の経験もそうですが、いろいろな場面で教わったり、伝え聞いたりしたノウハウをまとめたのがこの本です。

「コンテンツ」という言葉は当たり前に使われてきましたが、今までちゃんと言語化されてこなかったように思います。

本書執筆の話を頂いたとき、私も正直、スパッと言えるような明確な答えがなくモヤモヤしていたタイミングでした。ですから私にとっても言語化する必要がありました。「コンテンツをつくれ」と言われてモヤモヤしていた方も、本書を参考にしてもらえれば、少し整理できるのではないかと思います。

そして、この世の中に「コンテンツ」が生まれる一助となれたら、著者としてこんなにうれしいことはありません。

人がうごくコンテンツのつくり方　目次

第2章 コンテンツを広げる

第3章　テクノロジーとコンテンツ

コンテンツのつくり方　目次
CONTENTS

序　章

コンテンツとは
何か

世の中のもの、すべてが「コンテンツ」

「コンテンツ」という言葉、実はその意味ってあまり定義されていませんよね。デジタルの世界では、言葉通り「中身や内容」で、情報、文章、音楽、動画などを指したりしますが、一般的にはアニメやマンガ、映画や音楽、ゆるキャラやゲームなど、モノや映像がブランド化されて、それがビジネスに繋がったりしているものが、コンテンツだと認識されていると思います。

しかし、私は「この世にあるものすべてがコンテンツである」と考えています。厳密には「誰かがコンテンツだと思えばコンテンツ」であると思っています。なぜなら、人からコンテンツだと認識されるかどうかが、コンテンツであるかそうでないかの境界線だと考えているからです。

「それ、コンテンツだよね」と思われた瞬間に、その商品やサービスはコンテンツ

お茶碗：Ochawan
茶を入れ、または飯を盛る陶磁製の碗。

になります。

たとえば、ここにお茶碗があるとします。このお茶碗に名前を付けます。「山田くん」としましょう。そして、このお茶碗が生まれた経緯、例えば「富山県の○○という地方の代々続いている伝統のある窯で焼いていて…」といった背景があるとします。さらに「この茶碗でご飯を食べると気分がウキウキします」という設定を付けてみます。

そうすると、ただのお茶碗が、急にコンテンツのように見えてきます。

ここから『お茶碗 山田くん』のアニメができるかもしれないし、『お茶碗 山田くん』の食器が並んだカフェができるかもしれない。つまり、世の中にあるものはコンテンツになる可能性があるのですが、「コンテンツ化」されていない、というだけなのです。

世の中に存在するものは、すべて誰かの発明であったり、誰かの想いが詰まっていたりします。それを生活者に分かりやすい形で伝えたり、感情に訴えかけることで「コンテンツ化」できると考えています。

「どこから見るか、誰から見るか」

コンテンツ化をするときのポイントは「どこから見るか、誰から見るか」です。コンテンツ化の第一歩はここにありますし、ここさえ押さえておけば基本的にすべてのモノをコンテンツにしていくことができます。

以前、『工場萌え』（東京書籍）というフォトブックが話題になりました。工場好きの方はご覧になったことがあるかもしれません。

この本は工場のダイナミックさと繊細さを紹介し、その魅力を画的な美しさで表現した書籍です。この本がきっかけとなり、工場群の夜景が多くのメディアで取り上げられていきます。そして、工場を船で見てまわるクルーズツアーができるなど、工場群がコンテンツとして認識されていきました。工場で働いている人からしたら、毎日の職場ですから「写真集にしよう」という発想は出てきにくいでしょうし、ま

してやコンテンツとしてツアーの対象になっていくとは想像できなかったでしょう。しかし、工場で働いたことのないその他大勢の人からすると、それは非日常的で、とてもクールに見える可能性があったということです。

以前、栃木県宇都宮市を訪れた際、地元の友人に「宇都宮で地元の人に今一番人気のあるカフェに連れて行ってやる」と言われて行ったことがあります。たしかにおしゃれなお店でした。「この店で一番人気のケーキ」があると言うので、是非と言って注文しました。すると出てきたのはチーズケーキで、その名前は「代官山のチーズケーキ」でした。この代官山という地名は一般的には富裕層が住んでいたりオシャレな街というイメージがありますから、宇都宮ではコンテンツになっていたわけです。しかし、東京の代官山や恵比寿あたりに住んでいる人からすると、そのネーミングでコンテンツになるとは感じないと思います。

この話は逆もしかりで、例えばミネラルウォーターに『南アルプスの天然水』という商品があります。これも長野県や山梨県に住んでいる人たちからすると、その価値には気づかないし、そもそも水をボトルで飲もうとも思わないでしょう。しかし、首都圏に住んでいる人からみると、「南アルプスの大自然の中で育まれた水」というイメージが頭の中に広がり、価値あるものとして認識されます。そうなれば、今度はボトルウォーターのみならず、「南アルプスの天然水で作られた水ようかん」とか「南アルプスの天然水　源流を辿るトレッキングツアー」などのように多様な商品に広がっていく可能性を秘めた「コンテンツ」に昇華していきます。

個人に置き換えても、同じです。自分の良いところも悪いところも自分自身では中々分かりません。でもたまにいますよね。自分を冷静に俯瞰で見たり、分析することが出来て、その価値も弱点も正しく理解出来る人。こういう人はどの分野でも活躍されています。これと同じで、自分たちの住んでいる地域や属性が、外から見たときにどう見えるのか理解できれば、身の回りの物をコンテンツ化していくことができます。商品になるポイントが分かれば、それを発信するだけでマネタイズにも繋がっていくのです。

「狭める」とコンテンツ化する

このように「どこから見るか、誰から見るか」によって、それが「コンテンツと認識されるか否か」が変わります。この構造を利用して「狭める」ことでコンテンツ化ができます。

試しに、地球儀や世界地図を想像してみてください。地球儀をぐるりと回してみたり、世界地図を遠くから眺めてみると「日本」ってとても小さいですよね。そう、世界という尺度から見ると、私たちの暮らす「日本」も立派なコンテンツです。インバウンドで盛り上がる昨今、よく言われていることですね。さらに絞って「東京」にするとイメージが明確になりますし、「原宿」くらいまでエリアを限定すると、「原宿」を知っている外国人には意味深く伝わります。また、「原宿」を知らない外国人には「なんだ？」という引っ掛かりになったりします。

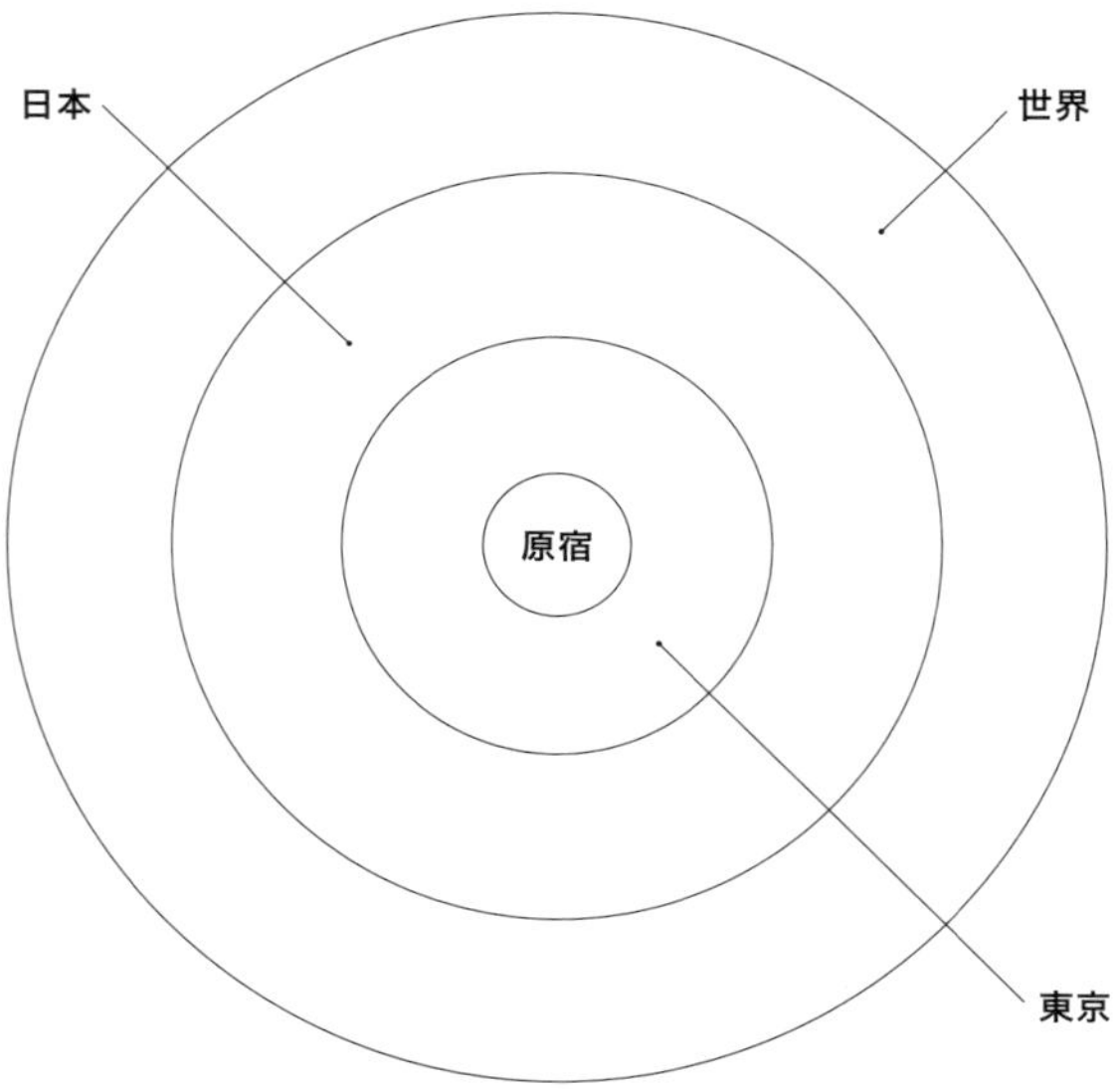
日本
世界
原宿
東京

女子高校生：HIGH SCHOOL GIRL

女子の高校生。
近年は「JK」とも呼称される。

東南アジア、特にタイでは日本ブームが起きてから随分と時間がたちました。日本ブームが長く続いた結果、最近では「日本のモノ」というだけでは商品に価値を感じてもらいにくくなり、「北海道」や「熊本」、さらには「市町村」単位にまで絞られた商品でないと注目されなくなっているそうです。

人間という尺度でも同様です。

例えば、人間には性別がありますね。そして年齢があります。赤ちゃんなのか、子供なのか、大人なのか、お年寄りなのか。こうやってどんどん細分化していくと、徐々にコンテンツに近づいていきます。

分かりやすいところでは女子高校生。女子高校生は年の離れた人からはコンテンツとして認識されます。また、「ＪＫ」と呼称されていたりもします。こうなると俄然コンテンツのように見えてきます。ワイドショーや雑誌などで「今ＪＫに流行っている」という枕詞で情報が発信されたり、いわゆる「ＪＫビジネス」が存在していることがその表れです（違法なことも多いですが）。「おじさんに流行っている」というざっくりした枕詞では誰も興味を持てないですよね。

この理論を活用して、私自身の属性でもある「おじさん」をコンテンツ化してみましょう。まず、狭めてみます。例えば42歳のおとめ座のA型。横浜市に住んでいる。独身で背が低くて小太り。これだけでも随分イメージが湧きます。ではここにちょっと手を加えてみましょう。いつもベージュのよれよれのシャツを着ている。あだ名はシュウマイ。遠くからみるとシュウマイみたいに見えるから。でも、好きな食べ物は海鮮丼。最近お気に入りの海鮮丼屋をみつけたので通っています。なんだか愛すべきキャラクターコンテンツに見えてきませんか。四コマ漫画やフラッシュアニメで存在しそうです。

この世にあるものはすべてコンテンツになる可能性があると言いましたが、どこにでもいるおじさんでも、この本を読んでいるあなた自身も勿論コンテンツ化は可能なのです。

しかし、「シュウマイおじさん」も「JK」も、当事者である自分が、コンテンツであると認識することは難しいのです。

狭めるとはイメージを明確にしてあげること

例えば、ランチで何を食べようか迷っているとき、「アオイウミ料理店」という、どんな料理を出すのか得体の知れない店よりも、牛丼屋さんやそば屋さんをつい選んでしまうのと似ています。お腹が減っているとき、お店選びに失敗してまずいランチになってしまうのはとても嫌ですよね。牛丼屋さんやそば屋さんを選ぶのは、店に入る前から、おおよその味の想像ができるからです。このように「狭める」と、イメージが明確になります。イメージが明確になると「自分にとって関係があるものなのかどうか」がより一層はっきりしてきます。

これはテレビ番組でも同じことです。例えば、『お金のことが分かる番組』より、『年金のことが分かる番組』の方が、よりコンテンツに近づいている感じがします。『75歳以上の年金生活を考える番組』だと、さらにコンテンツっぽくなります。「狭める」ことでターゲットが明確になり、生活者にとってみればそれが「自分に関わることなのか否か」直感的に判断できるようになるのです。

また、最近では『池の水ぜんぶ抜く』のようにタイトルから内容が想像できるテレビ番組がとても増えました。これも「観る前にイメージがつく」ようにして、視聴動機を高める効果があります。

この傾向はテレビ番組だけでなく、近年、多様な業種でみられます。たとえば製薬会社の製品。『熱さまシート』『トイレその後に』など小林製薬の製品はよく知られるところですね。シミを防ぐ『ケシミン』、ガス溜まり改善薬の『ガスピタン』などもも効果・効能とイメージがリンクしますよね。

このように「コンテンツ化」していくために「狭める」行為は、そのネーミングとも密接に関わってきます。コンテンツ化するということは、受け手に対して「狭めて」あげることで、「分かりやすく」それが「あなたのためにあるのだ」と気付きやすくしてしてあげるということなのです。情報が多い最近は、ＳＥＯ対策的な意味でも「選んでもらう」ために、その重要度は非常に大きくなっています。

ネーミングの話

内容がひと目でわかるタイトルの付け方は、テレビ番組でもその日限りのスペシャル番組では以前からよく使われていた手法でした。レギュラー番組では、『75歳以上の年金生活を考える番組』では長く続けられないので、『お金のことが分かる番組』というタイトルの方が正しいのです。しかし、このような「広げた」タイトルだと気付いてもらいにくいので、しばらく視聴率が上がってきません。以前は、オシャレなタイトルや、内容と無関係なタイトルの番組も多かったですよね。しかし、それは動画メディアがテレビ以外にあまりなく、テレビに変わる娯楽が少なかったからです。

先ほどのランチの例で言えば、たとえ得体の知れない「アオイウミ料理店」でも、近くに他の店がなかったら、その店に行きますよね。とりあえず食べてみて、自分の口に合うか判断します。食べてみたらおいしい海鮮丼だったとしても、それは食べた人にしか分かりません。その後、「アオイウミ料理店」の横に牛丼屋とそば屋ができたとします。「アオイウミ料理店」はお客さんが減りました。その理由を「何が食べられる店なのかお客さんには分からないからだ」と分析したとします。「アオイウミ料理店」は「海鮮丼屋」に店名を変え、食べる前から味の想像ができるようにしました。このような話です。

動画メディアや娯楽が増え、テレビ番組は観る前に選んでもらう必要が出てきたので「狭めた」番組タイトルが多くなったということです。

ライバルが増えるということは、生活者側からみれば選択肢が増えるということです。つくる側からすれば、生活者に気付いてもらえるように考えますから、イメージを明確にしたタイトルや商品名が増えていくことになります。

海鮮丼：KAISEN DON

どんぶり飯の上に、マグロやイクラなどの新鮮な魚介類をとり合わせてのせたもの。

コンテンツ化とはマッチングである

このようにコンテンツ化とは、「価値を感じたい」と思っている人たちに、「価値を感じてもらえるよう仕立てる」ことです。

いまどきの言葉にすると「マッチング」です。その人たちに価値を感じてもらえた瞬間、その人たちにとって、そのモノやコトが「コンテンツ」になるのです。そういう意味ではコンテンツ化とは、ある種のマッチングサービスとも言えるでしょう。

「アオイウミ料理店」を避けて、なんとなく牛丼を食べていた人の中にも「海鮮丼」が好きな人はいたはずです。シュウマイおじさんの好きな食べ物は「海鮮丼」でした。でもシュウマイおじさんは「アオイウミ料理店」が美味しい「海鮮丼」を食べさせてくれるなんて気付けませんでした。店名を「海鮮丼屋」に変えたことで、シュウマイおじさんと「アオイウミ料理店」はマッチングできました。これがコンテンツ化です。

コンテンツの価値を感じてもらえる人たちに、気付いてもらうための方法として「コンテンツ化」があります。「コンテンツ化」は気軽ですし、誰にでも出来ることなのです。

《コンテンツという言葉の誕生がコンテンツを生んだ》

メディアから見たコンテンツについても少しお話ししたいと思います。

コンテンツという言葉が一般的に使われるようになったのは、おそらく20年位前からじゃないかと思います。インターネットが一般化する以前、「コンテンツ」という言葉はあまり使われていませんでした。

出版社であれば「本」ですし、テレビ局やラジオ局であれば「番組」、メーカーであれば「製品」などのように、業種や組織によって呼び名は変わっていました。

当時から「マルチメディア」や「メディアミックス」というように、「メディア側」を主語とした言葉はありました。また、テレビ番組やマンガなどヒットしたモノがあって、それを他メディアへ展開する場合には、その商行為を「二次利用」という言葉で表現することはありました。しかし、いずれにせよ「番組」や「本」などの「プロダクト側」を主語として、それらを総称する言葉は一般化されていなかったように思います。

しかし、近年は、テクノロジーの進歩によって媒体の垣根を超えやすくなりましたし、情報発信源の数や種類も増えました。業界の垣根や境目が曖昧になっていくにつれ、つくったモノを様々なメディアでマルチユースするのが当たり前になり、便利な言葉として「コンテンツ」という言葉が定着したのだろうと思います。

「コンテンツ化」は「それを誰かがコンテンツだ」と認識することから始まります。「概念は言葉から」と言われるように「コンテンツ」という言葉の一般化によってコンテンツに対する関心は加速していったように思います。

そして、コンテンツは、コンテンツという言葉と共にスケールし、主導権がコンテンツに移り始めました。コンテンツがメディアを選べる時代の到来です。

つくり手であるクリエイターからすると、これはとても幸せなことです。つくり手は、つくったモノをたくさんの人に知ってほしいという想いがありますが、メディアを通さないとたくさんの人に知ってもらうことは叶いません。そしてそのために選べる媒体は限られていましたし、主導権がメディアにある以上、その意向を汲む必要がありました。主導権がコンテンツに移ったということは、つくったモノが形を変えることなくピュアにそのままに世の中に発信されるようになったということです。そして、これはテクノロジーの進歩と密接に関わります。この辺りは後に詳しくお話しします。

《コンテンツは人がつくる》

当たり前の話ですが、コンテンツは人がつくります。

でもビジネスシーンにおいて、これを忘れられてしまうことがしばしばあります。コンテンツは機械やプログラムで出来上がるものではない以上、コンテンツづくりに関わる人の「生い立ち」や「生き様」が反映されます。これはセンスと言い換えても構いません。

企画の発端は誰か一人の「ビジョン」、言わば妄想のようなモノです。それを可視化・具現化する作業がコンテンツづくりです。私がコンテンツをつくるときも、頭の中でまず映像を思い描きます。それを具現化するため、必要なことを順を追って実行していきます。

ですから、同じ目的・予算・チームメンバーに、同じようにオーダーしたモノであったとしても、企画者が違っていれば、出来上がるものはまったく変わってきます。人が変われば、コンテンツも変化するのです。

「想い」がないと当たらない

そうして出来上がったモノには「想い」が付加されています。この「想い」は、クライアントや発注者から見ると、ビジネスの邪魔になりそうな印象ですが、コンテンツづくりにおいては合理性の高い要素です。

コンテンツは、つくった人の「生き様」が反映され、「ビジョン」が具現化されたものですから、出来上がったモノを、企画者は自分の子供が誕生したように感じるものです。そのコンテンツが成長していく様は、まさに自分の子供が育っていくようでもあります。

親でなければ感じられないことってたくさんありますよね。子供のちょっとした体調の変化はもちろん気付きます。子供が初恋や失恋を隠していても、親にはバレバレです。親は子供の将来にとってベストになることを常に考えています。自分のことは二の次です。

企画者は、誰から頼まれることなく、自分の子供であるコンテンツのことを常に考えています。他の仕事をしていても、ついつい自分がつくったコンテンツに紐づけて考えてしまうものです。クライアントや発注者側から見れば、対価以上に勝手に働いてくれる〝おいしい〟労働力です。「コンテンツ」を「車」に例えるならば、「想い」は、つくる過程においても、その後のメンテナンスにおいても、ものすごく効率のよい「エンジン」です。

「想い」のないコンテンツは当たりません。

「想い」は間違いを明確にする

コンテンツづくりに失敗するケースは様々ですが、よくあるのは「誰がつくっているのかわからなくなるとき」です。コンテンツづくりは、チームで行いますし、ビジネスである以上、たくさんの人の様々な意見が入ってきます。

「船頭多くして船山に登る」と言いますが、コンテンツは完成するまで目に見えませんから山に登りがちなのです。「誰がつくっているのかわからない」状態とは「誰が決めているのかわからない」状態と同じことです。

コンテンツをつくっているときも、その後も間違ってしまうことはたくさんあります。でも誰が決めているか判らないと、「何を間違えたのか判断できない」ことになります。経営者の方ならピンと来ると思いますが、PDCAサイクルでいうところのCheck（評価）もAct（改善）もできなくなる状態です。これを防ぐのは、結局、企画者の「想い」です。

そして、たくさんの人の様々な意見には必要なものもあれば不必要なものもあります。コンテンツづくりを成功させるためには、不必要なものは排除しなくてはなりません。排除するためには、意見を聞いたフリをしたり、相手を説得したり、時には自分のクビを賭けて突っぱねたりすることが必要になりますが、これには相当な労力とストレスと本人にとってのリスクがあります。それでも実行していく覚悟は「想い」がなければできないことなのです。

第1章

コンテンツをつくる

「アイデアだけの人」が一番多い

ここでひとつ質問です。
以下のA～Cの3つの中で、どのタイプの人間が一番多いでしょうか？

A　アイデアがあり、実行する人
B　アイデアがあり、実行しない人
C　アイデアがなくて、実行しない人

「Cが一番多い」と思われる方が多いかと思います。でも、実はCよりもBの方が多いのです。「アイデア」のある人はたくさんいます。ですから「実行さえすれば、ほとんどの人はAになれる」ということです。事業がうまくいかなかったり、望むべき結果が出ないのは、アイデアがないことが理由ではありません。

実行さえすれば、
Aのタイプの人間になれるし、結果が出る

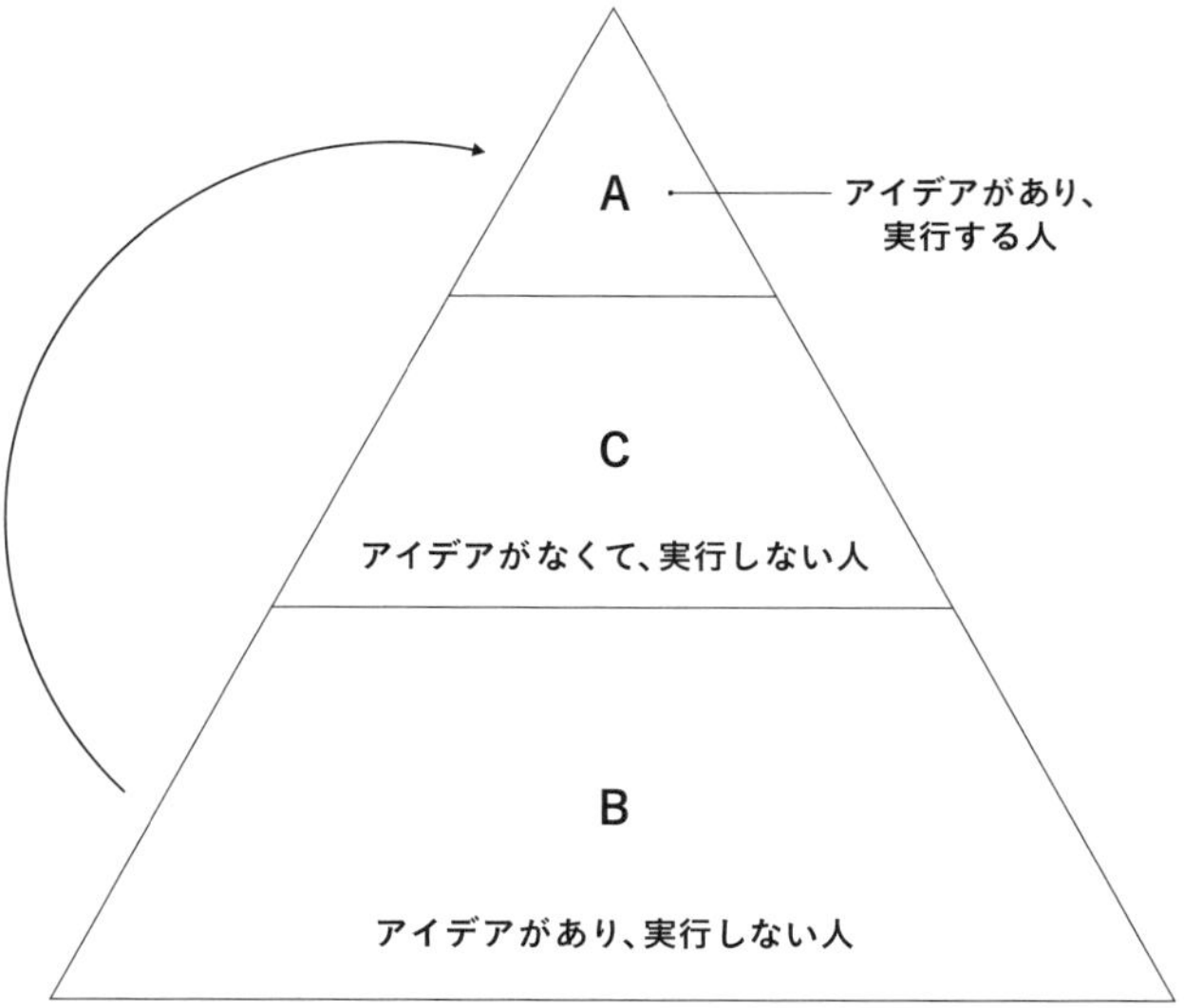

コンテンツづくりは、一人ではできません。取っ掛かりとなる企画を考える人、デザインする人、実際にモノをつくる人、宣伝する人など、たくさんの人が関わります。様々なプロセスがあるので、最初から最後まで一人でやるよりも、それぞれの分野が得意な人たちが集まってチームで行うケースの方が多いです。「アイデアはあるけど形にできない人」がいれば、「アイデアはあまりないけれど形をつくるのは得意な人」もいます。世の中のほとんどのことは、一人じゃできませんよね。

そういう意味で言うと、アイデア自体にそこまで大きな価値はありません。アイデアはいつでも誰の中にでもあり、毎日無数に生まれ、そして忘れられていきます。アイデアは思い付いただけでは、すぐに無くなっていくものです。アイデアは「誰かに伝え、それを形にし、さらにたくさんの人に知ってもらってこそ価値がある」のです。

そうでなければ、思い付いたアイデアは「そもそも存在しなかったことと同じ」です。

ある商品がヒットしたり、流行るサービスが出てくると「それ、俺も考えてたよ」と言う人がいます。「あんなもの誰でもつくれる」と。居酒屋などでたまに語られるシーンですね。

しかし、ヒットしたモノがスゴいのは、実際につくって、世に出し、ヒットさせたことなのです。「そんなに言うなら、あなたが先にやれば良かったじゃん」という話なんですよね。その商品やサービスを世に出した企画者は苦しい思いをしたはずです。企画を通すのも大変だったと思います。最初は反対した人も多かったでしょう。邪魔してくる人もいたかもしれません。きっと嫌な思いをたくさんしてきたはずです。お金のことを考えても、大きなリスクを背負ってやった可能性は高いです。

アイデアを思い付くのがスゴいのではありません。様々な障壁を突破していく実行力がスゴいのです。

コンテンツ化は「制約」があってこそ

コンテンツ化には企画者の強い想いが大切だと言いました。企画者は思い描いたビジョンを具現化するために頑張ります。しかし、進めていくと必ず「予算」「時間」「サイズ」いずれかの壁にぶつかることになります。「予算が足りない」とか「時間が足りない」とか「こんなに小さいと入りきらないよ」といった不満が出てきます。私も「厳しいなぁ」と言いたくなる場面は何度もありました。しかし、これらの制約に不満を持つことは、大きな勘違いです。

コンテンツづくりには「予算」「時間」「サイズ」がつきものです。この3つがないものは「芸術」です。

私は、芸術家のような天才に心の底から憧れます。自分のビジョンを具現化することは大好きですが、自分の作品の力だけで、食べていけるような才能はありません。
「予算足りねー」「時間ねー」「狭い小さい短い」などといった言い訳を聞くと「いやいや、芸術家じゃないんだから。予算や時間の制約なく好きなことやりたいんだったら、芸術家を目指せばいいのに。芸術家になれないから他人のお金でつくる仕事やってるんじゃないの」と思います。

「制約」は救い

こんな風に言うと、嫌々制約を受けているようですが、そうではありません。ここで言いたいのは「予算」「時間」「サイズ」があるからこそ生まれるものがあるということです。

たとえば主婦の方が何か食事を作るとき、冷蔵庫を開けてから考えると言いますよね。「じゃがいもと玉ねぎとにんじんがあった。じゃあカレーにしようかな」「キャベツと豚肉しかなかった。ただ炒めるのもなぁ、昨日も炒めものだったし。あ、小麦粉が残ってるな。じゃあお好み焼きにしようかな」という具合です。たくさん材料があって何でもできるとなったら逆に困りますよね。

また、「使える材料」という制約以外にも「注文」という制約が助けになることもあります。主婦にとって、そもそも毎日の献立を考えること自体が結構なストレスだと言いますよね。そんなとき家族に「なんか食べたいものある?」と尋ねます。このとき一番ダメな返事が「なんでもいいよ」だそうです。なんでもいいからヒントが欲しい。「中華がいいな」「ピーマン食べたいな」と言ってくれれば、「じゃあチンジャオロース作ろうかな」となります。「中華料理」で、その中でも「ピーマンを使う」という制約があったから「チンジャオロース」を思い付いたのです。

私は少し楽曲制作もしてきたのですが、曲づくりにおいて「締め切りは救い」だという話があります。これは音楽をつくっている人の〝あるある〟です。つくる過程で何百回も曲を聴くので、そのうちに自分のつくった曲に飽きてきたりします。そうすると何が良いのか分からなくなってきます。つくり進めていたものを途中でやめて元に戻してしまったりします。つくっては壊し、つくっては壊しの繰り返しという無限ループになっていきます。しかし、リリース日が決まれば「いついつまでに納品しなければいけない」となります。つくったモノに満足してなくても締め切りという時間の制約があるから「エイヤッ」と完成させることができるのです。

CMは15秒や30秒だから出来た文化です。『ブレア・ウィッチ・プロジェクト』、『キューブ（CUBE）』、『ソウ（SAW）』などの名作映画は低予算だからこそ生まれたとも言われます。

制約のないコンテンツはごく一部の天才に許された芸術作品です。でも芸術家の方は常に苦悩されますよね。それは、大きさも、いつ完成なのかも、制約がなく自分で決められるからです。制約はネガティブなものではありません。むしろアイデアの種にもなるし、完成させるための救いなのです。

すべては「目的」が決める

さて、それではコンテンツをつくるとき、具体的にどうすればいいか、お話ししたいと思います。まず、一番最初に決めることは「目的が何か」です。
なぜなら「目的」が決まらないと、ディテールを何も決められないからです。

例えば、あなたに好きな女の子がいたとします。一緒にお茶をしていたとき、その女の子が「あの映画観たいなぁ〜」と呟いたとします。すると当然「え、俺も観たかったんだ。一緒に行こうよ」と誘いますよね。でもこういうときってあなたはその映画が観たいわけじゃないですよね。好きな女の子と映画デートをしたいという気持ちです。もっと言えば、映画デートをきっかけにもっと仲良くなって、出来ることなら付き合いたい。どこの映画館で観るかを決めるとき、その子が「職場や家から来やすい場所の方がいいかな」と考えます。映画のお供といえばポップコーンですが、その子がポップコーン嫌いで飴が大好きだったらペロペロキャンディーを用意するかもしれません。「映画を観終わった後、一緒にごはんを食べるため、どこかお店を予約しておこうかな」なども考えますよね。もし、映画を観ることが目的だったら、こんなことは考えません。「その子と付き合う」という目的があるからこそ決まってくるディテールです。

よく「手段が目的になってはいけない」という話がありますが、コンテンツづくりでは「目的が手段になりがち」です。例えば、「話題になるチョコレート菓子をつくりたい」「LINEスタンプで人気になるようなキャラクターをつくりたい」「外国で流行るアニメをつくりたい」といったように、それが手段なのか目的なのか一見分かりにくいケースが多くあります。しかし、これでは「チョコの味は甘いのかビターなのか」「キャラクターは動物なのか人型なのか」「アニメはどんな話でどんな登場人物がいるのか」何も決められません。決めたとしても、そのディテールは「なんとなく、理由なく設定されたこと」になってしまいます。

「コンテンツ」は出来上がったあとも世相、環境、ニーズの変化の影響を受けやすいものです。周りから変化を求められることもありますし、自ら変化を求めることもあります。そのときこの「目的」がないと何をどこまで変えていいのか分からなくなってしまいます。「なんとなく設定されたディテール」では変えるべきなのかどうか判断できません。「目的」はコンテンツ化する上でも、出来上がったコンテンツを広げていく上でも必要不可欠です。このあたりは後に詳しくお話しいたします。

世のため人のための目的をもつ

本当の「目的」が何かを見つけるためには、「なぜ?」を繰り返すことです。それは、なぜ必要なのか。また、その理由はどうしてなのか。どんどん遡っていくと浮き出てきます。そして「目的」の大きさは、コンテンツがターゲットとする人数に比例します。対象がたくさんの人であればあるほど、大きな目的が必要になってきます。

浮き出てきた目的を、さらに追求してみてください。結果として「愛」とか「平

『世界行ってみたらホントはこんなトコだった!?』
2011年から2015年の間に放送されていたフジテレビ系列の海外情報バラエティ番組。著者の髙瀬敦也が企画。

和」とか「地球を守る」とか、人に伝えるのは少し照れてしまうような「世のため人のため」の目的に行きつきます。言い換えれば「大義」です。

コンテンツは出来上がったら、当然たくさんの人に広げていきたいものですが、たくさんの人の心に伝えるために「大義」は欠かせません。

私はテレビの仕事をしていました。テレビはマスメディアです。マスメディアは社会インフラとも言えます。メディアはそもそも「世のため人のため」にあるべきものですが、コンテンツを主語にしたときも同様です。マスを動かすためには「大義」が必要であり、マスコンテンツをつくるにあたっては「世のため人のための目的」がディテールを決めていきます。

一例として、私が企画した『世界行ってみたらホントはこんなトコだった!?』という番組の話を紹介させてください。

この番組では二人のディレクターがレポーターとなって、一か国を2週間ずつ取材して意外な文化や知られざる生活を紹介していきます。この番組をつくった目的は「異文化を知ることの大切さ」でした。「争いは誤解から生まれ、解決は相互理解によってもたらされる」ということをどこかで聞き、それに感化され、まず「異文化を知る楽しさ」を伝える番組をつくろうと思いました。

しかし、いきなり「異文化を知るのって大切ですよね」と言っても何も伝わらないですよね。「はぁ…。ですよね…。知ってまーす」としかなりません。言葉で言うのは簡単ですが、それでは人の心には響きませんし、ストレートに伝える番組では説教臭くて退屈ですから誰も観てくれません。たくさんの人に伝えるために、楽しく視覚的なエンターテイメントに変換して伝えていきます。変換していく作業とは、番組のディテールを決めていくことにもなるのですが「世のため人のための目的」があると必然的にそれが決まっていきます。

『世界行ってみたらホントはこんなトコだった!?』のレポーターがなぜタレントではなくディレクターなのかという質問をよく受けました。楽しく視覚的なエンターテイメントにしていくならば、見たことのないおじさんディレクターがレポートするより、華やかでレポートにも慣れている有名なタレントさんの方が良いからです。

観光情報を伝えることが目的だったらそれが正解です。しかし目的が「異文化を知ることの大切さ」だったので、レポーターは生活の深いところを探っていく必要があります。生活の深いところは、長期間現地に滞在しなければ知りえません。

もし有名なタレントさんでロケを実施する場合、長期間スケジュールを拘束するのは難しいので、短期間になります。するとその短期間で情報密度（撮れ高）を上げる必要が出てきます。そのためには事前に日本でリサーチした情報や、現地のコーディネーターから届いたネタを元に取材することになります。

しかし、これではガイドブックをなぞる旅と同じことになってしまいます。もし現地で予期せぬ情報が入り、取材したくなったとしても、スケジュールが決まっていると当然予定外の取材はできません。これがディレクターであれば柔軟な対応が可能です。

現地に行ったからこそ感じられたこと、現地の人と触れ合ったからこそ分かることにこそ、「文化の深いところ」が見出せますし、そこにある本質を伝えることができます。

「番組をエンターテイメント化」することよりも「異文化を知る楽しさを伝える」

という目的の方が上位に位置しているから決められたディテールです。

世の中の仕事の目的は詰まるところ「世のため人のため」でしかないと思っています。「世のため人のためになる」ということは、人の望み、つまりニーズがあるということです。そして、マーケットが存在しています。「世のため人のため」になるものを考えるのは、ビジネスとしても合理的です。コンテンツ化はマッチングと言いました。目的を遡り続け、世のため人のためになることにたどり着いていく行程は、ニーズのあるところにコンテンツを近づける作業とも言えるのです。

コンテンツがコンテンツを生む

「どうやって企画を思い付くのか」という質問をよくされます。企画を生業とされている方たちが、たまに「空から降ってくる」的なことをおっしゃいますが、僕には何も降ってきません。多分そういう方々は天才です。「降ってこないかなー」と思ってみたりもしますが、当たり前のように雨かホコリくらいしか降ってこないのですぐに諦めます。

インプットとアウトプット

では、どうしているかと言うと、まず、「企画を考えよう」と決めて時間をつくります。ただ、一人だと何も降ってこないので、「人と話す」ようにしています。スケジュールに「企画を考える」時間を設定し、その時間に付き合ってくれる人を探します。そうすると、わざわざ時間を作って付き合ってくれる人がいるので、他の仕事が忙しかったり、面倒くさくなったりしても、その時間は絶対に「企画を考える」ことから逃れられないのです。

そして、人と話をすることは、インプットとアウトプット両方でメリットがあります。

話を聞く（インプット）というのは、知らないことを知るということも勿論ありますが、話の中に登場することすべてが元ネタになるという側面があります。会話のすべてがヒントになります。

話をする（アウトプット）行為は、人に話すことで、整理されて記憶に着床されるというのは勿論なのですが、「人に話す」ことそれ自体が「伝える」ことにもなるというメリットがあります。コンテンツには「伝えたい」目的があります。「人に何かを伝える」という思考そのものがコンテンツ化と繋がります。

小難しく言葉遊びをしたようですが、「じゃあ何を話すの」と言われそうです。話すことは、なんでもいいのです。「昨日食べた海鮮丼がまずい」でも「嫁の歯ぎしりがうるせえ」でも。「上司の髪型が不自然だ」でも「ビールの売り子アイドルのミキちゃんが可愛いすぎる」でも。「横浜で、小太りで背の低い冴えないおじさんが、長身で黒髪の美魔女とデートしていたのが気になる」でも。この「企画会議」は自分や相手の脳を活性化させることが目的なので、実は内容はどうでもいいのです。黙っているのが一番ムダです。煮詰まったとき、間違ったことや関係ないことを敢えて言う「バカになって言ってみる」という伝統技法があるくらいです。これは「黙っていては何も生まれない」ということの裏返しでもあります。良いアイデアを提起するためではなく、企画会議に出ている他の人の脳を動かすことが目的です。

企画会議の話

「企画は飲み屋で生まれる」という代々伝わる神話のような言い伝えがあります。これは本当です。居酒屋ではついどうでもいい話をしたくなるので脳が動くのです。

あとは、だいたいこういうときは愚痴も出てきます。愚痴は大きなヒントになります。面倒だったこと、嫌なこと、困ったこと。こういった話題になると会話の流れとしては愚痴の原因を解決したり、その気持ちを解きほぐす方向に向かいます。これは人が日常で感じる困ったことを解決するという、まさに「人の役に立つ」ことですから、必ず社会のニーズに繋がります。

　また、思い付いたことを誰かに話すことで、何かしらリアクションをもらえますし、それが前向きなら勇気も出てきます。盛り上がって相手を巻き込み、チームになるかもしれません。一人で黙っていては何も生まれないのです。

　ただ、深夜の企画会議は危険です。ただでさえナチュラルハイな状態ですし、お酒が入ってたりするので、その場で異常に盛り上がって「これイケる！」「やった！　出来た！」「やっと終わった！」となったりします。しかし翌日昼間に冷静に振り返るとまったく役に立たないアイデアであることに気付き愕然とします（笑）。これは企画が煮詰まった末に起こる〝あるある〟としてよく語られます。

マスの気分を知るために

人と話すこと以外で何からインプットしているのかと問われれば、以前は雑誌でした。私はもともとマガジンジャンキーで電車やバスに乗るたびに、雑誌を買っていました。車内で雑誌を読む時間が大好きでした。その結果、お金もすごく使いました(笑)。最近ではそれがネット記事になりました。お金をかけずに楽しく移動時間を過ごせるようになりました。

ネット記事に加えて、情報源として重宝しているのがテレビです。これは私がテレビ局で働いていたからそう書いていると思われてしまうかもしれませんが、コンテンツをつくる上で、情報源としてとても役立っています。テレビは60年間マスを相手にしています。「たくさんの人に広く普《あまね》く情報と娯楽を届ける」というDNAを持っています。テレビは「今、日本で大衆が何を求めているか」を、実は最も敏感に捉えて発信しているメディアと言えるかもしれません。テレビ番組はたくさんの人が、たくさんのお金と時間もかけて、そして無料で分かりやすく情報発信をしています。

近年は自分に興味のある情報を、その気になればいくらでも手に入れられる時代です。自分にとって価値があるものを選んで享受できますから、世代や地域や趣味の輪の中にいれば心地よく過ごせます。外のフィールドに出ていく必要がありません。結果として「今、大衆が何を感じ、何を求めているのか把握すること」の難易度が上がった時代だとも言えます。

また、日々楽しく生活できていますから、自分が興味のない情報や、好みでない表現手法に対して、より一層強い拒否反応を覚えるようになってきていると思います。そうなるとテレビのようなメディアは大変です。ワイドショーで同じ話題を連日やっていると、興味がなかったり飽きたりしている人からすると、「いつまでくだらないことをやってるんだ」となります。しかしテレビはマスがそれを求めている（と思っている）からやっているのです。これが大衆迎合的かどうかは置いておいて、テレビはマスのその時の「気分」や「空気」を感じられるメディアなのです。

コンテンツ化にとって大事なことの一つに「人の気持ちや生活を理解する」ということがあります。テレビが今、何をとりあげ、どれだけの分量で放送し、どういう趣旨で、どのようにかみ砕いたり、意訳して発信しているのか。それを知ることは、コンテンツづくりを生業にする私にとって必要ですし、テレビを観ることは重要なインプット作業です。

インプットはイメージを共有するため

インプット作業の目的が、「企画の種を蓄える」というのは分かりやすい部分だと思いますが、もう一つ大きな目的があります。それは「イメージの共有」です。

企画やコンテンツづくりにおいて、「人と話をすること」が必要なことは先にお話しした通りです。では具体的な話になったとき、アイデアをどう伝えるか。それは常に「例えば」という枕詞で始まります。

「『ドラゴンボール』のあのときのフリーザのセリフみたいな」とか「『スター・ウ

ォーズ』の父子の関係性みたいな」とか「『ドラクエ』の塔で鍵を見つけるような構造で」という具合です。この時、そのシーンを知っているか否かで、共有できるものが違ってきます。

「当たるコンテンツをつくるにはどうしたらいいか」と尋ねられたときも「とりあえずヒット作は全部目を通した方がいいですよ」とお答えします。打ち合わせや会議の際に、イメージが共有できるようにしておくことは、とても大事です。

コンテンツづくりは企画者の「イメージ」の具現化です。チームでイメージを共有するとき、過去のヒット作はとても大事な「共通言語」です。

「0から1を生む」という言葉はよく使われますが、私は「0から1が生まれることはない」と思っています。必ず誰かや何かに影響を受けています。たくさんのコンテンツに囲まれ、使って、観て、楽しんで生きてきた人たちがつくります。

コンテンツはコンテンツから生まれるのです。

既視感を利用する

食べたことのない料理を口にするときは、少し抵抗感がありますよね。海外の秘境の村で出される料理なら、食べるのに相当な勇気が要ります。このように、そもそも人間には新しいものを拒絶する本能があります。この本能に対処する手法はいくつかあります。

分かりやすいところでは「パロディ」です。パロディに、「オリジナルへのリスペクトを源としつつ、バカバカしくマネをする痛快さ」があるのは勿論ですが、新しいコンテンツをつくる上では「新しいコンテンツに対する拒否感を薄める」効果もあります。

たとえばａｕのＣＭで人気の『三太郎シリーズ』は桃太郎・浦島太郎・金太郎などの童話をパロディにしたＣＭです。ＣＭのように短い時間でストーリーを表現するとき、登場人物のキャラクターが知られているということは、大きなアドバンテージになります。私が企画した『逃走中』という番組でも世界観をつくるときに、桃太郎やシンデレラなど子供がよく知っている作品をたびたび利用していました。このように一般的に広く知られた物語やキャラクターをパロディにして新しいモノを生み出す手法は古くからあるテクニックです。

音楽を例にするならば、ダンスミュージックなどでよく使われる「サンプリング」という手法があります。有名だったり聞き覚えのある音源やフレーズを一部切り取って、その部分だけを繰り返したり部分的に挿入したりします。そうして新しい曲をつくるのですが、初めて聴いた人でも、どこか耳馴染みがあるので聴きやすくなります。これも新しいものへの拒否感を拭ってあげるテクニックです。

完全に新しく見えるモノは、多くの人が理解できなかったり、理解に時間がかかってしまいます。そういう時は、既視感や既聴感を利用することで、接触のハードルを下げることができます。

『逃走中』

2004年からフジテレビ系列で不定期放送されている、著者の髙瀬敦也が企画をしたゲーム形式のバラエティ。2018年現在まで続く大人気コンテンツ。

マネされてうれしかった話

『クイズ☆タレント名鑑』という番組の中で「ギリギリ有名人が逃走中」という『逃走中』のパロディ企画がありました。そのとき、私はリアルタイムで観ていなかったのですが、すぐにいろいろな人からメールが来ました。「逃走中のパクリ企画やってたけどいいのか」と。後で録画していたものを観たところ、とても面白く爆笑しました。自分がつくったモノが、マネされると嫌な気分になる人も多いかもしれませんが、私はとてもうれしく誇らしい気持ちになりました。「マネをされるのはいい企画」という言葉があります。コンテンツとして広く認められたものでなければ、既視感を利用し、パロディをする意味がありません。マネをされるということは、それだけ価値があるコンテンツだという証明なのです。そもそも「ギリギリ有名人が逃走中」は『逃走中』とまったく別の企画ですし、パロディできる作品は他にもたくさんあった中で選ばれたということになります。オリジナル側からすれば、こんなにありがたいプロモーションはありませんし、気持ちのいいことはありません。

流行ったモノがまた流行る理由

「既視感」の話で言えば、「これ、少し前に似たようなの見たことあるなぁ」とか「あれ、これ昔流行ったヤツと同じじゃん」と感じる流行ってありますよね。ヒットするモノやサービスには周期とかサイクルがあるという話もあります。「昔、流行ったものは何年か何十年ごとに何度も回ってくる」というものです。ファッションでリバイバルブームなんかはよく起こりますよね。

最近の音楽シーンでは、ＥＤＭといわれるダンスミュージックが世界的に流行しましたが、やはり7～10年くらいで繰り返されている音使いや構成であったりします。今ＥＤＭの曲をつくっているアーティストも、一周期前のときに活躍していた人が名前を変えて似たような曲を出していたりもします。

私がテレビ番組をつくっていたときも「昔流行ったものがなかったか」という点はいつも意識していました。クイズ番組や衝撃映像番組は伝統的なテレビ番組のジャンルではありますが、やはり大きな流行り廃りが約10年ごとにありました。昔に流行ったモノでも、時代に合う形にパッケージし直せば、再び当たる可能性があります。過去の事例から次の「当たり目」を探す作業も大事です。

経済学と似ていますが、一つの分野でヒット作が出ると、ぞろぞろ似たようなものが出てきます。すると、その分野の土壌が枯れてしまうので、土壌が肥えるまで待つ必要があります。待っている間に別の土壌が肥沃になるのですが、その土壌にも突出したムーブメントが起きて刈り取られていきます。それが周期やサイクルになり、似たような現象が繰り返し起こります。

これは人間の生理とも関係しているのかもしれません。ずーっと牛丼ばかり食べていたら飽きますよね。でもしばらく牛丼を食べないと、また食べたくなる。人の生理は普遍的なものですし、動機のパターンは限られてきます。ということは、人が動くパターンはもうずっと昔にすべて出尽くしているとも言えます。流行ったも

ヒットコンテンツのサイクル

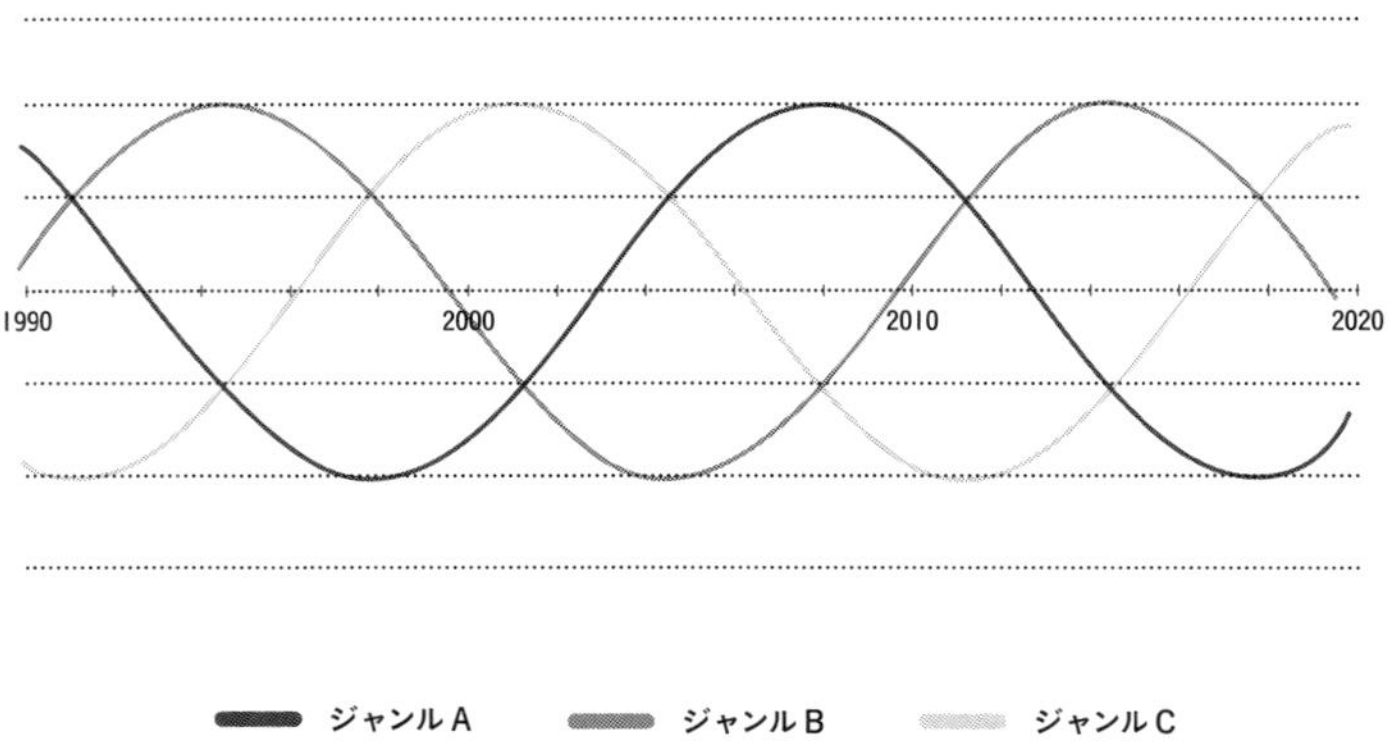

のがまた流行るのは必然ということになります。

同じ土壌で起こるムーヴメントは、既視感という点においても新しいモノへの拒否感を和らげてくれますから、タイミングさえ捉えれば当てやすいということになります。過去にヒットしたモノに敬意をもって学ぶということは、コンテンツづくりにおいてとても重要な作業です。

ベタが最強

「ヒットコンテンツはみな同じ」と言われます。「恋愛ドラマは極論、全部シェイクスピアなんだよ」とか、「お笑いって結局、チャップリンと古典落語なんだ」と。

それはなぜかというと、そこに「ベタ」が集約されているからです。ベタは「王道」と言い換えてもいいかもしれません。恋愛ドラマだったら「愛する人同士のすれ違い」や「三角関係」がドキドキするし、笑いだったら風刺のような「ギリギリのところ」を表現したときに生まれる緊張と緩和が大切です。コンテンツづくりを突き詰めて考えていくと、やはりベタに行きつきます。なぜベタに行きつくかというえば、そこに人の普遍的な心理があるからです。

あるヒット商品やサービスが出たとき、直後にそれを参考にして、所謂二匹目のどじょうを狙うことがよくあります。一つヒットが出ると続々と似たものが出てきます。しかしそれはうまくいかないことの方が多いですよね。なぜならオリジナルのヒット作品と、差別化しようとするからです。

この差別化のために間違えて取られる方法が「足し算」です。機能を増やしたり、登場人物を追加したり、色を多くしたり。足し算をしたくなる気持ちはわかりますが、その足し算は結果的に無駄なモノ・余分なモノになるので、逆にコンテンツの魅力を落とします。そもそもヒットしたオリジナルの作品や商品は、ユーザーのニーズや気持ちに対して率直であるために、極限まで贅肉を削ぎ落し、「引き算」を重ねてシャープであるからこそヒットしているのです。面白いことに、二番煎じで「足し算」された部分は、オリジナルをつくった人たちがそれを生み出す過程で「これは要らない」「惜しいけどユーザーに分かりにくいからやめよう」と捨てて「引き算」してきた部分と同じだったりします。オリジナルをつくった人たちは、いろんなことを分かった上で敢えて無くしたりやめたりしているのです。二番煎じの商品やサービスを改善する為に「これ本当に要るんだっけ？」と考えていくと、結局、ベタに戻ります。

生活者の気分を考える

喉が乾いているときのお水って、美味しいですよね。お腹がいっぱいなときは、どんな高級料理でも美味しそうに見えません。

生活者に対して「どういう気持ちで居るんだろう」と考えると、コンテンツづくりはうまくいきます。要するに人の「気分」ですね。「悲しいときに勇気づけられたいモノ」なのか「鼻の穴をほじりながら観たいモノ」なのかを考えるということです。

モノやサービスを買う人や使う人のことを「消費者」や「ユーザー」と呼びますよね。これは「つくったモノやサービスを知り、実際に買ってくれたり使ってくれたりした人たち」のことを指します。「消費者」や「ユーザー」は「生活者」の中から生まれます。コンテンツ化は価値を感じてもらえる人とのマッチングですが、マッチングされるまで、ターゲットは「生活者」であり日常生活を送っています。ここはとても大事なポイントです。

生活者にとって「想い」は無関係

人の行動原理は気分です。世の中の人は私も含めて、テキトーだし移り気です。わざわざ新しいモノなんて探していません。

コンテンツづくりには時間も手間もお金もかかります。しかし受け手にとってそれは無関係です。そこを理解してないと、できたモノが説教臭くなってしまいます。コンテンツは、押し付けるものではありませんし、つくり手の自己満足になってはいけません。「あなたは一生懸命つくったかもしれないけれど、人はそう簡単に興味を示さないし、興味を持つまで時間もかかるよ」ということですね。

コンテンツづくりに「想い」は大切です。しかし生活者にとってそんなことは知ったこっちゃありません。「消費者」や「ユーザー」になってもらうまでは、それを理解した上で知恵も絞るし汗もかく必要があるということです。

どうやったら生活者に興味を持ってもらえるのか。「家族がみんなで居る」のか「残業帰りの独身サラリーマンが一人で居る」のか。「若い女性が寒いのに薄着でおしゃれをしている」のか「主婦が買い出しで荷物を抱えている」のか。

そのイメージに映る人を思いやってください。相手が生活者である以上、どういう気分で生活しているか、想像しながらつくることがとても大切です。

自分というバイアス

生活者の姿をイメージすることの難しさについて、一ついい例があります。もう10年くらい前の話ですが「任天堂の『Wii』」と「ソニー（SIE）の『PS3（PlayStation 3）』」の比較です。同じ家庭用ゲーム機としてほぼ同じ時期に発売されたこともあって、とても注目されました。ご存知の通り『Wii』は歴史的大ヒットとなったわけですが、発売前は世界的大ヒット商品『PS2（PlayStation 2）』の後継機種である『PS3』の方が大きな期待をされていました。最新のCPUを搭載し、ブルーレイまで使える夢のゲーム機である『PS3』は性能面では圧倒的有利でした。

しかし結果は『Wii』が当たり『PS3』は期待通りにならなかった。なぜなのか。当時よく分析されていたのは、『PS3』は「オーバースペックだった」「そのためソフト開発もついてこられなかった」「高かった」などです。要するにお客さんのニーズに対して不必要に高性能なものを押し付けたということです。

これはその通りなのかもしれませんが、重要なのは「なぜ押し付けてしまったのか」「なぜ任天堂はお客さんのニーズを捉えられたのか」ということです。その答えとして耳にしたことで私に強くインプットされた話があります。それは「ソニー（SIE）が元々はトランジスタの開発会社で、任天堂は元々花札やトランプをつくっていたから」というものです。ソニーは技術を追い、任天堂は遊びを追うDNAがあったという解釈です。

トランプは友達や家族とみんなでする遊びです。そこには人が集まっています。家庭用ゲーム機という商品をつくったのではなく「みんなでする遊びをつくった」、ゲーム機は遊びの「手段」だったということです。

『PS3』も、つくった人たちは相当な努力をしていたに違いありません。しかしその努力の方向性が違った。目的が『PS2』を超えることだったのかもしれません。『Wii』は、仲間や家族と楽しんでもらうことが「目的」だった。人が集まってワイワイ楽しく遊ぶビジョンがあり、それを具現化するために出来たコンテンツが『Wii』だったという話です。

もう一つ例をあげます。私がテレビ番組をつくるときも、常に間違えそうになり気を付けていたことがありました。それは「東京はマイノリティ」だということです。

私は勤務地も住んでいたのも東京でした。私だけでなく、制作に関わるほとんどのスタッフが都内か首都圏在住でした。しかし私が携わっていたテレビの仕事のお客さんは日本全国です。9割は東京以外の人なのです。自分の生活圏が東京なので、ついその生活圏での感覚で物事を決めがちになります。

分かりやすい例で言えば、東京の街は朝まで動いています。しかし日本のほとんどの地域では、お店は22時か23時に閉店しています。東京の移動は電車かバスです。車がなくてもどこにでも行けます。しかし日本のほとんどの地域は車がないと生活できません。東京の生活スタイルは日本全国で見れば少数派です。しかし、日々の仕事でお客さんをイメージするとき、自分というバイアスがかかり、東京のイメージで考えてしまうのです。こういうときは失敗します。PS3の話も、会社のDNAがバイアスとなり努力の方向が違ってしまったのかもしれません。

生活者の姿を具体的に想像するということは、努力をする方向を見失わないためでもあります。そして、そのイメージに自分というバイアスがかかります。生活者は自分と同じではないのです。

ターゲットに媚びない

コンテンツをつくるときにターゲットを設定しますが、その際、注意することがあります。それは、ターゲットを意識しすぎて「対象者に迎合し、媚びると失敗する」ということです。

「この人たちに見て欲しい、好きになって欲しい」という想いは、あくまでつくり手側で共有すべきものであって、それを例えば「女子高生に向けてつくりました！」とか「ヲタク向けにつくりました！」と押し出して伝えることは逆効果になることが多くあります。「～向け」という言葉はとても危険な言葉です。

つくり手側から発信されるこの手のメッセージは「こうしとけば売れるんでしょ」「こういうの好きなんでしょ」という上から目線に変わってしまいがちなのです。そうすると、対象者たちからすると、いかにも自分を下に見られているようで、「何もわかってねぇな」という気持ちになってしまいます。

私は今、いくつかのマンガの原作や脚本づくりもしていますが、その中に「ヲタク女子」を対象とした作品もあります。このマーケットは二次創作が文化として根付いています。原作では描かれてない設定を創作し語り合ったり、実際にマンガとして仕立てたりして楽しむ文化です。

たとえば登場人物でライバル関係のAとBがいたとします。そこで「原作では描かれていないけど本当はAとBは恋愛関係にある」というようなことを二次創作して楽しむのです。ですから原作設定があまり緻密に描かれていない方が、二次創作の幅が広がるので好まれる傾向にありました。

そうした「二次創作の盛り上がりをきっかけに作品が広がる現象」が増えてくる

と、原作側は、二次創作をしてもらうことを前提として「敢えて設定に隙間をつくり、二次創作のポイントをつくろう」とします。しかし「ヲタク女子」たちは、そうした狙いを敏感に察知します。「あーここで二次創作しろっていうんでしょ、はいはい」といったように嫌悪します。そうした狙いが見え透いた作品には、見下されているような感覚を覚え、支持しません。媚びた結果、嫌われてしまうのです。

もう少し一般的な例で言えば、「子供向け」です。

子供のころ「大人」はある種の敵のような存在ではなかったでしょうか。「大人は解ってくれない」。そんなことをよく感じていましたよね。それだけに感覚的な距離に敏感です。「〜向け」という言葉と、その意識からもたらされる距離感を嫌います。そもそも子供は早く大人になりたいものです。だから「子供だ」と思って迎えに行っては絶対にダメです。

『逃走中』は子供に人気のある番組になりましたが、企画段階では子供を意識していませんでした。当時の自分の気持ちでつくりました。私は中二病です。中二ぐらいの感覚だから子供が支持してくれたのだと思います。子供は背伸びしたいものです。中学生や高校生くらいの趣向を分からなくても、分かったふりをしたいのです。たとえば番組中ではハンターという追っ手に捕まった状況を「確保」と呼称し、漢字でテロップ表示しています。元々「子供向け」につくっていたら「かくほ」とルビを振っていたかもしれませんし、「つかまえた」など分かりやすい言葉で表現していたと思います。子供は「確保」という言葉の意味は理解していなくても、〝逃走者が捕まること〟を「確保」と呼ぶことを番組オリジナルの単語としてインプットしたのだと思います。結果的にそれがクールに見えたのかも知れません。

小学生は中学生や高校生に憧れるし、中学生は高校生や大学生に憧れるものです。これは普遍的なことです。キッズ層やティーン層を対象につくるコンテンツは、少し上の世代を意識してつくると良いのです。

突き放す

実はこれは、「突き放す」というコンテンツづくりにおけるテクニックの一部です。「敢えて分かりにくく不親切にする」ということです。「分かりやすくする」ことはもちろん大事なことですが、ターゲットに媚びるという意味では、分かりやすさが過剰になり、対象者からすると「そんなこと分かってるんだ」「バカにするな」「うっとうしい」となってしまう場合があります。「コンテンツづくりは極限まで引き算していくことが大切だ」とお話ししましたが、ゼロまで削るだけではなく、マイナスにまで削るテクニックもあるということです。

マイナスまで削ると、人の感情に作用する二つの効果があります。一つは「分かりにくい」「不親切」と感じる一方で「かっこいい」とか「クール」だという感覚を生みます。これはデザインの領域とも関わります。

そしてもう一つは「知りたい」という欲求を生み出します。「分からない」→「悔しい」→「知りたい」という感情の流れです。知りたいから調べたり、誰かに聞いたりする。もちろん不親切すぎてもダメですが、適度な突き放しは必要です。ツンデレに近いかもしれません。「ターゲットに媚びない」ということは「追えば逃げる、逃げれば追う」という人間の普遍的な心理を意識したものでもあります。

ここでは「ヲタク女子」や「子供」の話をご紹介しましたが、こうした「○○向け」の失敗はどんな年代やターゲットに対しても起こりうる話です。

「高齢者向け」という商品やサービスもたくさんありますが、世の中の高齢者の多くは自分を高齢者だとは思っていません。高齢者だとしても「他の高齢者とは少し違う」と思っています。人の気持ちは難しいものです。

そもそも人は他人を決めつけたがるものです。「あの年代はああいうヤツらだ。あの職業の人はこういう性格だ」と。なぜならその方が「楽《らく》だから」です。仕事でもプライベートでも「人」を相手にするとき、対処の仕方をパターン化できれば、いちいち個々に考えなくて済みます。もっと言えば、ただの「集合体」として理解すれば、人々を記号化できるので対応が「らくちん」なのです。

自分の中で「間違ったターゲット像をつくり上げてしまっていないか」注意して考えてみてください。

《子供のコンテンツをつくるコツ》

コンテンツをつくるとき、自分と同じ年代や環境の人がターゲットとなれば当然つくりやすいですよね。その人たちの気持ちが分かりますから。

実はもう一つ、つくりやすいターゲットがあります。それは子供です。自分が子供だったころの気持ちを思い出せば良いのです。「時代が違うのに？」と思われるかもしれません。たしかに生活環境は変わっています。しかし、どの時代の子供も感覚は同じです。なぜなら子供の感覚は普遍的だからです。

お子さんのいる方ならお分かりになると思います。子供はうんちやおしりが大好きです。異常に好きです。その単語が出てきただけで大爆笑です。『うんこ漢字ドリル』（文響社）は子供の普遍性をついた見事な企画でした。

子供はいつだってエレベーターのボタンを押したがります。音を鳴らすのも大好きです。自分の行動に何かが反応することに強い興味を示します。

子供の言動に「なぜ」はありません。ついやってしまう、つい見てしまう。意味や文脈は関係ありません。本能的で直感的なのです。人は大人になるにつれて様々な経験をし、趣味嗜好が複雑になってきます。でも「子供」の感覚はいつだってシンプルです。

大人と子供の決定的な違い

ただ、一つだけ注意しなければいけないことがあります。それは「時間」に対する感覚です。「時間の進み方」が大人と子供では極端に違うのです。

大人になるとよく言いますよね。「時が経つのがどんどん早くなる」って。たしかに小学校1年生の頃って、早く5年生とか6年生になりたいのに、中々ならなかったですよね。それどころか2年生にすらいつまでもならない。しかし25歳から30歳になるのも、30歳から40歳になるのも、あっという間です。これがなぜかという問いには「ジャネーの法則」という答えがあります。ご存知の方も多いかもしれませ

ジャネーの法則

時間の心理的長さは年齢に反比例するという法則のこと。
19世紀のフランスの哲学者ポール・ジャネが発案した。

ん。

結論から言えば「物理的な時間の長さ」ではなく「時間の経過をどう感じるか」に答えがあるのです。つまり、時間の長さの感じ方は「6歳の時の1年は6分の1と感じるし」「60歳のときは60分の1と感じる」ということです。人が時間の長さをどう感じるかは「自分の生きた期間のうちの何%か」としか認識できませんから、加速度的に早く感じるようになっていくのです。この法則に従えば、高校を卒業するころには人生の半分くらいの時間を過ごしていることになります。

子供の流行は、広がるのも早いですが、飽きるのも早いですよね。あっという間に熱狂するわりに、すぐ冷める。そしてまたすぐ別の何かにハマる。「なんなんだよ～」と思うくらいです。

このような子供の「サイクルの早さ」は、彼らにとっては正常な時間の流れです。6歳の子供が何かに1年間熱中したら、人生6年間のうちの6分の1の期間、ハマっていたことになりますから。

子供の頃って、1週間がめちゃめちゃ長かったですよね。大好きなアニメの続き、それは大抵「来週」ですが、その「来週」が中々こなかった。ましてや「1週お休み」になったりすると、とてつもなく長く感じました。私が鮮明に覚えているのは、発売を楽しみにしていた『ドラクエ』シリーズの発売延期。ゲームソフトの発売延期はよくあることです。数か月の遅れはよくあります。大人からすれば数年かけて開発しているものですから、数か月の延期は「仕方ないね」という感覚です。しかし当時、子供であった私には発売延期のニュースは、本当に拷問でした。数か月先なんて、もう永遠に発売しないいんじゃないかと思うくらいでした。

このように子供のころの記憶を辿るのは、コンテンツをつくる上で大切なことです。

そして、子供の感覚を思い出すことはいろいろな場面で役立ちます。

活躍しているYoutuberの多くは、毎日動画をアップすることに注力しています。これは習慣化を促し、視聴者の生活に入り込むのは勿論のこと、「子供にとって一日は長い」ことを理解しているからです。

スマホなどのサービスでUIを考えるとき、「赤ちゃんでも操作できるように」

とよく言われます。これは、面倒くさがりのユーザーに使ってもらうためには、視覚的で直感的であることが重要であることの例えです。

普遍的な子供の感覚を思い出すことは、コンテンツづくりの基礎とも言えます。

とりあえずデカくする

ここでひとつ簡単なコンテンツのつくり方をお話しします。それはとりあえず「デカくする」ということです。大きいものは常に人の興味の対象です。「世界最大の」とか「日本一大きい」といったものはコンテンツになっていますよね。そこまでじゃなくても、「巨大な仏像」や「実物大のガンダム」なども十分気になりますよね。そもそも背の大きい人は目立ちます。

また、「大きい」は「多い」にも変換できます。「分量が多い」「種類が多い」だけでも気になります。レストランの「メガ盛り」もそうですし、色の種類や味の種類が100パターンあったら、それだけで「おっ」となります。理由はわかりません。ただ、人は「大きい」とか「多い」には心が動くのです。これは普遍的なことなのでしょう。普遍的であることはコンテンツ化に適した手法だと言うことです。

大きくしたり多くしたりするには、お金や場所の問題も出てきます。そういう時は応用として極端に「小さく」するのも有効です。ただ大きいものは「デカい」というだけで良いのですが、「小さい」ものは「小さいのに良くできてる」とか「ちっちゃくてカワイイ」とか、コンテンツ化するにあたってもう一つ別の要素が必要になってきます。「デカい」を魅力的に感じるのは「普遍的な生理」ですが、「小さい」ことに感じる魅力は「情報」と言えます。コンテンツづくりにおいては「大きい」と「小さい」の意味は異なります。この違いさえ分かっていれば、「大きさ」や「分量」を利用することでコンテンツ化は簡単にできます。

とりあえず伏線を張る

「伏線を張る」というと、推理小説とかサスペンスドラマなどで、事件が解決したときに「あのときのアレがここに繋がるのか〜」と分かるようなものをイメージされると思います。このように「伏線」は決まった結末ありきで「張っていく」のが一般的です。しかしここでオススメしたいのは、結末はともかく「とりあえず張っておく」ことです。

コンテンツは一度つくったあと、様々な展開をさせていくことになります。でも、その展開のさせ方には、当然いろいろ慎重になると思います。実現できないと問題も起こりそうです。ただ、そうしているといつまでたっても先に進みません。また、結末ありきで進む展開には限界があります。だからこそ先に「伏線を張って」しまうのです。

「伏線を張る」ということは、「後に何か起こることをほのめかす」ことです。ほのめかしたからには、回収しなければなりません。

ユーザーや消費者は伏線が大好きです。たとえば自分が好きな作品に、スピンオフ企画や新展開がほのめかされたら、ワクワクしますよね。「もしかしたらこれはアレに繋がるんじゃないか」「こういう展開になっていくんじゃないか」「こんな商品も発売されるかもしれない…」。消費者やユーザーはそうやって盛り上がっていきます。盛り上げたら後には引けません。伏線を回収するために頑張るしかないのです。「伏線」はコンテンツをつくるエネルギーになります。

また、コンテンツをつくっているとき、何かに行き詰まるときも多くあります。そんなとき「前に出した小道具って何があったっけ」「何気なく言ってたセリフでいい言葉あったかな」「前に使っていたキャッチコピーを膨らませたら何か起こるかな」といったように、過去につくったものを振り返りながら使えそうな要素を探していくことがあります。何か行き詰まることを前提として布石を置く意味で「伏線」を張っておくのです。こうした「伏線」によって新たな展開を思い付くことがあります。これは意外とよくあることですし、本当に助けになります。「伏線」は本来は

「外部に対して張るもの」ですが、「自らに対して伏線を張る」イメージです。「伏線」があるからこそ生み出せるものがあるのです。「伏線」はコンテンツをつくる上での「種」にもなります。

ちなみに私がつくったものでも「伏線」を張りすぎて、回収できていない伏線が「渋滞」してしまったことがありました。このときはスタッフみんなで困り果てました（笑）。でもそれでいいのです。伏線は多ければ多いほど力になります。

何かビジネスを立ち上げたり、仕掛けたりするときも同じかもしれません。新しい事は中々立ち上がらないものです。そんなときは、始める前に伏線を張ってみてください。ほのめかしちゃってください。「伏線」があれば、立ち上げた後の納得も得られますし、誰かが助けてくれるかもしれません。「伏線」は何か生み出すための「エネルギー」であり「種」なのです。

誰でもつくれる

冒頭から偉そうにそれっぽいことをお話ししてきました。この本をここまで読んで下さった方の中には、クリエイティブ系以外の業種の会社や部署に所属されている方、つくったり考えたりする部署や立ち位置で仕事をされていない方もいると思います。もしかしたら「所詮、テレビ局で番組をつくれる環境を与えられたからできたことだろう」と思われるかもしれません。それももちろん事実です。しかし、これに近いことはどこでもできるんじゃないかと思うのです。

私は、テレビ局に入社しましたが、最初に配属されたのは営業局で、スポット営業部というCM枠を販売する部署に5年間いました。もちろんテレビ番組の企画を考える仕事ではありません。業務量もすごく多かったです。20年近く前の話なので、どの業界も同じだったと思いますが、毎日深夜まで働き、深夜から会食がはじまるなんてことも日常茶飯事でした。私が「使えないヤツ」で効率が悪かったからなのですが、終わらなかった仕事を片づけるために、会食が終わった朝方、そのまま出社するなんてこともよくありました。忙しいというよりは、毎日がもう目の前のことに精一杯。最初は「テレビ局に入ったからには番組をつくりたい」と思っていましたが、番組企画を考える余裕なんてありません。とにかく、何の役にも立っていない自分が情けなく、テレビ局の営業という仕事で自分にできることを探す日々でした。

そんな生活の中、何か「役に立ちたい」と考えたのが「空き枠の限定セールス企画」でした。

CMというとイメージするのは「この番組の提供は〜」と言って番組内で流れる広告ですが、これは「タイムCM」と言われるもので、番組単位でスポンサーになってもらうものです。これに対し、「スポットCM」というのは、朝から晩まで放送されるすべての番組を対象として、2週間や3週間といった期間で販売される、いわばセット販売のCMです。

なるべくすべてのCM枠を販売できるよう放送直前まで調整していくのですが、

時期によっては放送直前にいくつか余るCM枠も出てきます。

そこでこれらの枠をまとめて販売することを考えました。とは言っても放送直前のタイミングで急に広告予算を追加できる広告主はそうはいません。また、余るといっても深夜の遅い時間が多く、一般的に需要の少ない時間帯の枠が対象です。

しかし、当時はCDバブルとも言われていた時代でレコード会社はその売れ行きによって広告予算の組み替えが比較的柔軟でしたし、深夜番組を観ている若い視聴者はレコード会社のターゲットとしても許容範囲でした。そうした環境を鑑み、レコード各社を対象として、余ったCM枠をパッケージにし、放送直前に数量限定で販売することにしました。この試みは当時としては新鮮だったこともあり、即日完売で大成功をおさめました。このセールス方法は、その後、他の放送局でも行われるようになり、恒常的な企画商品となっていきます。


この一件でようやく会社の役に立ったという実感があり、とてもうれしかったのですが、このとき私が得たのはそれだけではありませんでした。当時の先輩に「おまえは新しい商品を生み出したんだ」と褒められ、このときに「商業」というフィールドで、「何かを考え、つくることの喜び」を得たのです。営業における一つの企画商品であったかもしれませんが、これも営業局の中におけるコンテンツであったのかもしれないと今は思います。

ちなみに、私を褒めてくれた先輩はドラマをつくりたくてテレビ局に入社した人でしたが、営業局にいながらあの手この手を使ってドラマをつくっていた、とても突破力のある人でした。

この経験をきっかけにして私は「番組」の企画を考えるようになります。相変わらずスポット営業の仕事でいっぱいいっぱいの日々でしたが、予定表に「企画を考える」という項目で時間を取るようにし始めました。

このときに考えた番組企画が、その3年後や10年後に実現していくことになります。「環境のせいにしない」というありがちな啓発話かもしれませんが、私にとっては原点とも言えるとても大事な経験でしたので、ご紹介させて頂きました。

「つくる」恐怖を乗り越える

企画やコンテンツづくりに1歩踏み出せない理由に、結果や評価への恐怖があります。

まず企画してもそれは誰かにプレゼンしなければならない。企画を人に話すのが恥ずかしいとか、馬鹿にされるのが怖いと感じる人も多いでしょう。だから、心の中に「アイデアだけはある人」が多いのです。

音楽をつくるときも、曲や歌詞といった表現は自分自身がむき出しになるわけで、最初はそれはもうとても恥ずかしいわけです。そんなときにある友人から、「つくった音は外に出していかないと、良いか悪いかもわからねーよ」と叱られたことがあります。その言葉は今も心に残っています。最初はつくっては壊して、つくっては壊してを繰り返し、誰にも聴かせずに1年ぐらいコソコソやっていました。しかしこれは意味のないことです。

さらけ出したらやっぱり酷評されました。みんな、もうちょっと優しいかと思ったら想像以上に辛辣でした（笑）。とてもヘコみました。しかし、それで自分のポジションが分かったし、足りていないことが明確になりました。そもそも曲をつくっていることを人に知ってもらえたことで、仲間や頼れる人が出来て、教えを乞うことも出来るようになりました。予想外のところで評価されることもありました。

これはよく言われる例えですが、野球ならば、打席に立つことが大事です。打席に立たないとピッチャーの投げる球がどれだけ速いのかも感じられません。そして日頃の練習の成果を出して思いっきりバットを振るのです。そうじゃないと当たるものも当たりません。当たったとしてもボテボテのピッチャーゴロかもしれません。でもそれで良いのです。その結果が何よりも大切な財産となります。

この本も出すのが正直怖いです。ディスられたくありません（笑）。でも書きます。「つくって、世に出す」ことが何より重要なのですから。

第 2 章

コンテンツを広げる

誰にでもではなく「誰か」に刺さるもの

コンテンツをつくったならば当然それを多くの人に広げたいと思います。そもそも広げるためにつくったとも言えます。ビジネスとして考えればその対象は広いほどお金になります。しかし、コンテンツを広げていくには、まず「誰かに刺さるもの」をつくることが大切です。

商品やサービスを企画するとき、ターゲットについては当然のように考えるし議論すると思います。マーケティング的な文脈で語られる「ターゲット」は主に性別や年代、もう少し絞ったとしても居住地域や職種くらいでしょうか。しかし、これはコンテンツを広げづらくしてしまう要因にもなります。ここで言う「誰か」とはまさに一個人を指します。どんな考えを持ち、どんな友達がいて、どんな生活をしているのか。端的に言えば、実際に存在する一人の人をターゲットにします。身近な人でも構いません。自分の子供や、奥さんやお父さんでも良いのです。その理由となるキーワードは「熱量」です。

コンテンツを広げていくためには「熱量」が必要不可欠です。「熱量」が高くなると「熱狂」状態になります。そして最初の「熱狂」はとても小さな単位でしか生まれません。

本当に自分がハマったものや大好きなことって人に話したくなりませんか？「お薦めしたい」という気持ちもありますが、単純に「話したい」「聞いてほしい」そんな気持ちではないでしょうか。私が一番好きな映画は長らく『バック・トゥ・ザ・フューチャー』でした。これは30年近く変わらなかったのですが、２０１４年にある映画が一番好きな映画になりました。それは『インターステラー』という映画です。この作品に出会った衝撃と喜びはものすごく、会う人会う人にそのことを語りまくりました。その気持ちを分かってほしくて、その場で相手の人の住所を聞き、ＡｍａｚｏｎでＤＶＤを買ってプレゼントしたくらいです。相当ウザかったと思います。正直、その時は相手の迷惑を考えられないくらい興奮していました。

「熱狂」とはこういうことです。ウザがられながらもその魅力を強く訴え、お金のことも気にせずにDVDを勝手に買って送り付けたり、誰も読まないかもしれないのにFacebookに長文を書き込んだりする人、こういう人を生み出すことが「広げる」第一歩です。宇宙に例えれば、宇宙の起源と言われる大爆発「ビッグバン」です。こんなことを書いているうちにまた『インターステラー』を観たくなってきました（笑）。

この「熱狂」は大きく「広げる」意味で二つの効果があります。

一つは、言わずもがなですがたくさんの人に拡散されやすくなります。誰かになんとなく薦められたお店って結局行かないですよね。そもそも忘れてしまいます。でも「ぜったい後悔しないからぜったい行って！」と言われたお店ってすぐにではなくても「いつか行こうかな」と思いますよね。SNSへの掲載の仕方でも同様です。熱狂しているときと、そうでないときの載せ方には当然違いが出てきます。それは怖いくらいフォロワーに伝わります。インフルエンサーがやらされ仕事として載せる「記事」が広がりにくくて、本人が本当に気に入った「オススメ」が拡散しやすい現象と同じです。

そしてもう一つは、「熱狂は〝ネタ〟になる」という効果です。「熱狂」は言わば「異常な状態」です。「異常な状態」はメディアの大好物です。盛り上がったW杯サッカーなどでよくある渋谷スクランブル交差点の大騒ぎはまさに「異常な状態」ですよね。もはや恒例の「ネタ」となりました。「秋葉原でめちゃめちゃ盛り上がってる」「歌舞伎町で密かに流行っている」「小学3年生が学校で毎日やっている」「丸の内のOLが行列して5時間待ちしている」「おばあちゃんがお金に糸目をつけずに買いまくってる」といった異常な状態は、枕詞になります。そういう枕詞、肩書きや、名刺の代わりになるものがあると、メディアは反応しやすくなります。テレビで紹介されていたり、ネット記事でこういう枕詞をよく見聞きしますよね。

たくさんの人に「広げる」ためには、まず「超コア」なターゲットを「熱狂」させて、そこから広げることが必要なのです。

神は細部に宿る

「神は細部に宿る」という言葉があります。元々はドイツのミース・ファン・デル・ローエという建築家の言葉で、「こだわったディティール次第で作品の本質が決まる」という意味です。この言葉はクリエイターを中心に共感を生み、広く認識されています。コンテンツづくりにおいても当然重要な考え方です。

『戦闘中』という番組をつくったときの細部のお話をさせてください。この番組は「バトルボール」という武器を投げ合い、ボールを当てられると退場しなければならないルールのゲームバラエティです。番組の中で「バトルボール」は一見ただの小道具です。しかし、この「バトルボール」にはとことんこだわりました。こだわったのは、「重量」と「塗料」です。この番組をつくるにあたり、しなくてはならないことは、まず「番組」として成立させることです。当たり前ですよね。そのために

『戦闘中』
2012年からフジテレビ系列で不定期放送されているゲーム形式のバラエティ番組。『逃走中』と同じく著者の髙瀬敦也が企画。

は「ゲームショー」として楽しい映像にする必要があります。最低限、投げる様子がカッコよくて「迫力」がなければなりません。

「番組」ですから出演しているタレントたちにケガをさせてはいけません。ケガを防ぐために軽いボールにします。そして「迫力」を出すためにボールを大きくして、特殊な塗料で塗り、つくりました。しかし手が小さい女性では大きいものは扱えないし、軽いボールを投げてもふわふわしてまったく「迫力」が出ません。

今度は小さくしてみましたが、ボールの軌道が見えにくくなってしまい、「テレビの映像ショー」として成立しなくなりました。試行錯誤の末、ボールに穴をあけて投げやすいようにデザインしました。穴をあけることでボールの重さを抑えつつ、穴に指を掛けて投げられるようになったので、ボールが大きくても投げやすくすることができました。

しかし今度は、この穴に指を掛けて投げると塗料で指に傷を負う可能性が出てきました。そこから塗料や穴の形状を調整していきます。そうしてようやく「小道具」のボールが出来上がります。結果として時間もお金もかかりました。しかし、「迫力」ある「ゲームショー」として成立させ、「番組」として安全に行うためには必要不可欠なこだわりでした。出来上がった番組全体からみると一つの小道具に過ぎません。しかしこだわらなければ、そもそも番組が成立しない重要なポイントでした。

このように「細部」にはコンテンツの「本質」が集約されていきます。

そもそも「細かい部分」は私生活においては「細かいなぁ」とか「細けーよ」といったネガティブな意味合いで使われることが多いものです。

コンテンツづくりにおいても、「細かい部分へのこだわり」は「どうでもいいところに金と時間を使った」といった話に陥りがちです。これは、コンテンツの目的やつくられるプロセスを知らない人にとっては、「細部」があたかもおまけで付け加えられたもののように感じられてしまうからです。これは「細かさ」の意味を取り違え「目的」を正しく理解していないことに起因します。

コンテンツづくり以外でも「目的」によっては「細かく」なくてはならないことが多くあります。

例えば有名な話ですが、飛行機の整備では工具が一つ無くなっただけでも、絶対に見つかるまで探し続けるといいます。もし工具が飛行機の中に残っていたら、大事故に繋がるかもしれないからです。無くした工具をこっそり買って元に戻しておけばいいわけではありません。工具を揃えることが目的ではなく、安全が目的だからです。そもそも整備の仕事とは乗客乗員の安全を守ることです。

もう少し身近な例でも同じです。友達とのＬＩＮＥで誤字を指摘されたら「細かいなぁ」と思います。でもそれが仕事の報告やプレゼンだったら「てにをは」や「変換ミス」一つでも意味が変わってしまいますし、クライアントが相手だったら、説得力が失われて「いい加減で信用できない」と思われてしまいますよね。報告やプレゼンには、内容を相手に正しく伝え「信用してもらう」という目的があるからこそ、誤字が許されないわけです。

仲間で食事をしたときに一円単位で割り勘するのは面倒くさいし「細かい」ですよね。でもこれが銀行だったら一円の間違いは許されません。一円でも一億円でも同じことです。当たり前ですよね。

「細かい部分」の意味を取り違えることは「目的」を理解してないから起きる間違いです。

熱狂のスイッチ

このことを本章でお話ししたのは、細部へのこだわりが「熱狂」を生む装置にもなるからです。広げるための「神」は「細部」にいます。

あるコンテンツを好きになったとき、どんどんそのコンテンツのことを知りたくなりますよね。「なぜそれが出来上がったのか」「なぜこの素材なのか」「なぜその大きさで、なぜその色なのか」「なんでこんなモノが付いていて、なんでその数なのか」。そのコンテンツを好きになった人にとって、こうした細部に自分が好きになった理由を感じるものです。

人に例えてみましょう。誰か好きになった人がいたとします。その人の「心優しい部分」に惚れたとします。でもその「心優しい部分」ってどういうところに感じますか？ ちょっとした気遣いや、何気ない仕草だったりしませんでしょうか。周りの人には気付かないような、どうでもいいと言われたらどうでもいい小さな行動だったとしても、惚れた自分にとっては大事な「細部」ではないでしょうか。そういう「細部」を感じることが喜びではないでしょうか。なぜなら、その「細部」にこそ惚れた人の「本質」があると分かっているからです。

人は、興味を持ったモノの「細部」に「本質」をみたとき、さらに好きになって「熱狂」していきます。

とてつもなく大きい宇宙、その宇宙誕生の謎を解き明かすために、素粒子など超ミクロな世界の研究がなされています。小さなところに本質があるのは真理なのです。

「細部」一つ一つが必要である意味をすべて分かっている人は「企画者」です。あなたがもしコンテンツを吟味したりコンテンツに投資する立場であったとき、意味のわからない「細部」を見つけたとします。そのときは企画者にその「細部」がなぜあるのかきいてみてください。きっと答えはあるはずです。もし企画者にその答えがなかったら、その「細部」はただの「蛇足」です。こだわりでも目的でも真理でもありません。容赦なく削除しましょう(笑)。

ニッチコンテンツとマスコンテンツ

広げるためにはコアなターゲットから火をつけることが必要と言いましたが、そこからさらに広げるには、コンテンツの特性を理解しておく必要があります。コンテンツは大きく二種類に分けられます。ニッチコンテンツとマスコンテンツです。

ビジネスにおけるニッチとマス、およびコンテンツにおけるニッチとマスを左図に表してみます。

「コンテンツ化とは狭めること」と言いましたが、これは満足度を高めるための方法です。狭めれば狭めるほど、余計な情報や要素がなくなり、欲しいモノがダイレクトになります。つまり、嫌な要素が無く、好きな要素がとても多い状態です。当然満足度は上がります。

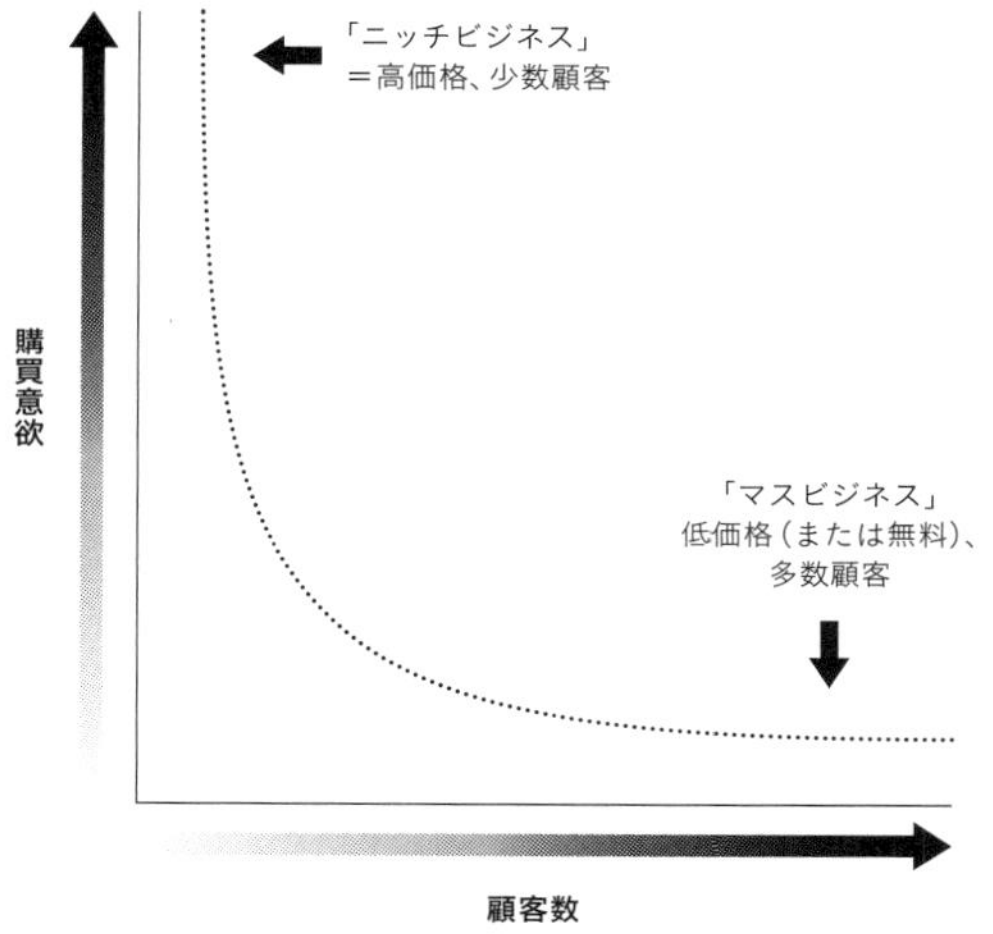
「ニッチビジネス」
＝高価格、少数顧客
購買意欲
「マスビジネス」
低価格（または無料）、
多数顧客
顧客数

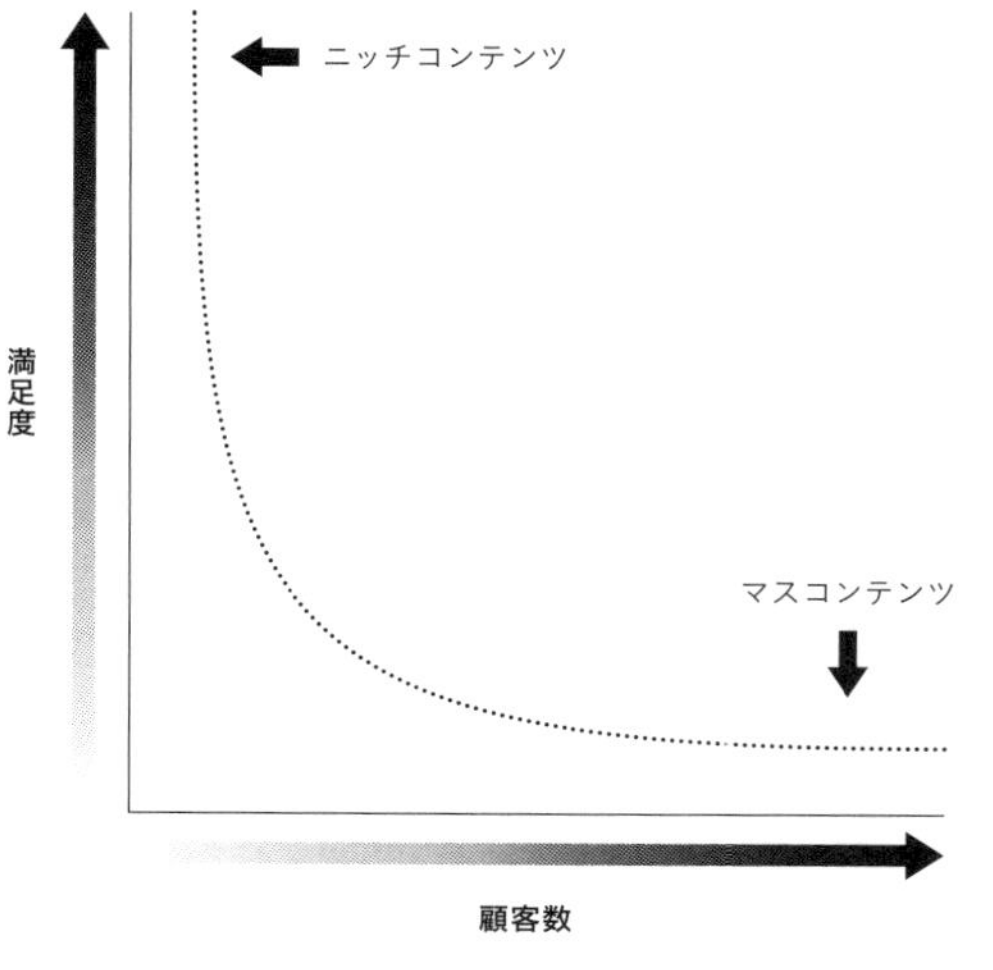
ニッチコンテンツ
満足度
マスコンテンツ
顧客数

逆にマスに受け入れられるようにすることは、満足度を下げる作業になります。ここで重要なのは「満足度を下げる」のが目的ではなく、「嫌な部分を無くす」ことが目的だということです。たくさんの人に受け入れられるために「いろいろな人が嫌いだと感じる要素をまんべんなく無くしてあげる」という作業をしていきます。「結果として満足度を下げることになる」ということです。

たとえば〝イクラ〟がすごく好きな人は、海鮮丼よりもイクラ丼を食べたほうが満足します。イクラ丼専門店があればそちらに行ってしまうかもしれません。反対に、イクラが大嫌いな人にとってイクラ丼は拷問です。そもそも海鮮丼を食べないでしょう。

でもイクラがやや苦手くらいで、マグロやイカが大好きな人は海鮮丼を食べてくれます。様々な具材を少しずつ盛った海鮮丼ならたくさんの人をターゲットにできるようになります。これがニッチコンテンツとマスコンテンツの構造です。

高い満足度は「好きな要素を突出させること」ですので、興味のない人にとっては邪魔になったりします。たくさんの人に受け入れてもらうためには、突出する要素を無くす必要があります。「突出した部分＝尖ったところ」を削る作業、これは「丸める」とも言います。「丸めた」ことで満足度は下がりますが、受け入れてくれる人は増えていきます。

よくテレビ番組で深夜番組がゴールデン帯に上がると「つまらなくなる」という話がありますよね。「深夜のころは尖ってて面白かったのになぁ」といった風に言われます。これは深夜番組がニッチコンテンツ的につくられているためです。テレビ自体マスメディアではありますが、テレビの器だけに限って言えば、深夜の番組はニッチコンテンツ的につくる文化がありました。テレビ局は視聴率（世帯視聴率）を基準にメディアパワーを競ってきましたが、それは「全日」と言われる6〜24時の時間帯に限られます。24時以降はその対象外です。ですからマスである必要がないのでニッチ的な番組でもよかったのです。

もちろん24時以降の時間帯もメディアとしては大切な営業資源です。なぜ24時以降が対象ではないかと言えば、ずっと昔は24時や25時以降の遅い時間は何も放送されない日が多かったからです。その時代の名残でテレビのメディアパワーを示す基準は24時までとなっています。そういう歴史もあって、テレビ業界の中では深夜はニッチ的な番組をつくる文化があるのです。マスである必要はありませんから、「イクラ丼」を提供できるのです。

しかし、ゴールデンタイムと言われる「たくさんの人を対象とする時間帯」では、「海鮮丼」を提供する必要があります。イクラが嫌いな人もターゲットにしなくてはならないからです。イクラ丼が海鮮丼になってしまうのは必然なのです。

尖ったイクラ丼が好きだった人にしてみれば、丸めた海鮮丼には自分にとって興味のないマグロやイカもたくさん盛られていますから「つまらなくなった」と感じるようになります。でもイクラ丼の時代を知らない人にとっては最初から海鮮丼ですから、そういった感情はありません。

結果としてたくさんの人に観てもらえる可能性は高まりますが、イクラ丼ほどの満足度はありません。良いとか悪いとかではなく、ニッチコンテンツとマスコンテンツとはそういう特性があるということです。

ニッチとマスの境界線

ニッチコンテンツに紐づく人の気持ちは「観たい」「食べたい」「買いたい」など能動的なものです。これに対してマスコンテンツとは「観てもいい」「食べてもいい」「買ってもいい」など受動的な気持ちです。

マス化は、満足度を下げて「〇〇してもいい」と思ってもらえるようにする作業になりますが、ここで気を付けたいのは満足度を下げすぎてしまうことです。「観てもいい」「買ってもいい」から、満足度を下げすぎると「どうでもいい」になってしまいます。

イクラもマグロもイカも嫌いな人はいますから、嫌な部分をすべて取り除こうとすると「ごはん」しか残りません。もはや「丼」ではないですよね。

人が嫌な部分を削っていくと、たくさんの人が許容できるようになりますが、やりすぎると、そもそもコンテンツとしての価値がなくなってしまいます。

有料と無料では扱う「商品」が違う

コンテンツが世に出ていくとき、何らかの媒体を介します。そのとき、その媒体がニッチとマスのどちらを対象にしたサービスなのかを理解することが大切です。なぜなら、ニッチ媒体とマス媒体は、扱っている「商品」がそもそも違うからです。少々乱暴ですが分かりやすく、ニッチ媒体を『スカパー!』や『Hulu』などの有料サービス、マス媒体をテレビのような無料サービスとしましょう。

『スカパー!』や『Hulu』などが扱っている商品は「番組」です。観たい番組があるから課金しますよね。「欲しがっているものを売る」という一般的な商売です。イクラ好きの人のためにイクラ丼をつくるということになります。商品はコンテンツそのもので、お客さんは観たいものや欲しいものにお金を使う「ユーザー」です。

では、テレビなどの無料メディアはどうでしょう。無料メディアは、無料ですから「ユーザー」からお金は取れません。番組は商品ではないのです。では何が商品か。それは、無料の情報や娯楽を提供することで集めた「たくさんの消費者」です。

無料メディアが何で儲けるかと言えば「広告」です。となると、無料メディアにとってのお客さんは広告出稿してくれる「広告主」と思いがちですが、違います。「広告主」は番組を買っているわけではありません。広告主が欲しいのは「消費者」です。「自社の商品を消費してくれる消費者」を買うのです。ですから、無料メディアは「広告主の商品を買ってくれる消費者」を集める必要があります。番組（コンテンツ）は、商品となる「たくさんの消費者」を集めてくるための「道具」です。テレビを観ている人のことをよく「視聴者」と言いますが、この言葉は無料マスメディアのスキームにおいては間違いです。コンテンツを提供する相手は「視聴者」ではなく「生活者」であり、理想としては「生活者」の中にいる「消費者」になってくれるであろう人たちです。

有料メディアのコンテンツは「ユーザー」に向けてつくることになります。無料メディアのコンテンツは、広告主が欲しがる「消費者やマーケット」に向けてつくることになります。

ニッチコンテンツとマスコンテンツの使い分けを考えるとき、有料か無料かでそもそも「お客さんが違う」という点を理解する必要があります。

巨大なニッチメディアの話

なにかと話題の『Ｎｅｔｆｌｉｘ』というサービスがあります。莫大な資本も含めたスケール感から、巨大なマスメディアのようです。その姿勢も、テレビと戦い「将来的にはテレビに置き換わっていく」ようなイメージをアピールしています。しかし、『Ｎｅｔｆｌｉｘ』は有料メディアですから、扱うコンテンツはイクラ丼であり、ニッチコンテンツの分類になります。このようなイメージを打ち出しているのは、ブランディング戦略上「テレビと戦っている姿勢がマスに感じられるし、他の有料動画サービスと差別化できて、スケールしやすい」と考えたからではないかと思っています（ただし、近い将来、獲得したユーザーと巨大資本を元に無料コンテンツを増やし、生活に入り込む「本当のマス化」を進める可能性もありますが）。少なくとも現在の『Ｎｅｔｆｌｉｘ』はテレビではなく、映画に近いメディアと言えます。

有料コンテンツと無料コンテンツのマネタイズ

	商品	お金の出所	目的
有料コンテンツ（ニッチ的）	コンテンツそのもの	ユーザー	ユーザーにコンテンツを買ってもらう
無料コンテンツ（マス的）	無料コンテンツに集まる消費者	広告主（スポンサー）	無料コンテンツで消費者を集める

つくり方がまったく違うニッチコンテンツとマスコンテンツ

ニッチコンテンツとマスコンテンツで「お客さんが違う」ということは、その具体的なつくり方も大きく変わってきます。

コンテンツに触れるお客さんの姿を想像するとき、ニッチコンテンツは「非日常」を、マスコンテンツは「日常」を、それぞれイメージする必要があります。そして人は、非日常への集中度は高くなり、日常にあるものへの集中度は低くなります。

例えば、「遠くで車が走ってるということを、映像には映さずに表現する」ことが重要なシーンがあるとします。そのためには音で表現する必要がありますよね。集中度が高い状態で観てもらえるなら、音が聴こえづらくても「遠くで走っている」ことを表現するために、車の走行音を小さくしてリアリティーを出すことができます。これに対して集中度が低い状況では、音が聴こえなかったら「車の存在が分からずその表現が出来なかったことと同じ」になってしまうため、リアリティーを捨てて走行音を大きくします。むしろ、聴覚的な表現をせずに視覚的に分かりやすく演出するのが正解です。

作品性という意味では前者の方が満足度も高くなるでしょう。しかし、これがマスを相手にしているものだったら、ただの「不親切な演出」です。集中度が低いお客さんを無視することになるため、マスコンテンツには相応しくないのです。

このようにちょっとしたことでも、つくり方は大きく変わってきます。

コンテンツをつくるとき、有料か無料かでイメージするより、日常に入り込むのか、非日常に呼び込むのか、つまり「それがニッチなのかマスなのか」で考えるほうがつくり方が明確になります。

ニッチ的コンテンツとマス的コンテンツの違い

	見方	風景	つくり方のポイント
ニッチ的コンテンツ	閉鎖的な環境で集中して観る	非日常	細かくリアルに
マス的コンテンツ	なんとなく観る	日常	わかりやすく伝える

「〇〇のヤツ」と呼ばれるものを

新しいコンテンツをつくるときに、ネーミングの大切さはお話しした通りですが、それでもその名前は中々覚えてもらえないものです。コンテンツを広げるときに、商品名や作品名を覚えてもらえなかったら、広がらなさそうです。仮に名前を覚えてもらっていたとしても、消費者やユーザーにとって、その名前と内容が直結していなかったら意味がありません。これはいくら宣伝しても結果が出ないときに起こる〝あるある〟です。

そういうことを防ぐためにあるテクニックが「〇〇のヤツと呼んでもらえるようにする」というものです。

「〇〇のヤツ」と呼ばれるために重要なのが、視覚と聴覚です。

分かりやすいところでは『ＲＩＺＡＰ』でしょうか。今でこそ、そのブランドは広く認識されていますが「太った人が黒い背景でぐるぐるまわってるヤツ」とか「ブーチャッチャ、ブーチャッチャっていう音楽のヤツ」とだけ認識していたり、誰かに伝えたりした経験はなかったでしょうか。ドラマや映画でもタイトルが思い出せず、「なんだっけ、えーと、あの、女優の◯◯ちゃんと俳優の◯◯くんが不倫するヤツ」といったやり取りをした記憶があると思います。

みんな、中々商品名やサービス名を覚えてくれません。でも、それで良いのです。それを逆手に取るのです。

芸人の方が、特徴のある衣装や髪型で登場するのもこれに近い目的です。「赤い服を着た金髪のヤツ」とか、「裸でお盆持ってるヤツ」とか。名前やタイトルを覚えてもらいたい気持ちは解ります。思い入れもありますよね。しかし、名前よりも、色やカタチ、音楽やＳＥ（サウンドエフェクト）で、視覚的または聴覚的に覚えてもらうことの方がずっと大事なのです。

コンテンツづくりにおいて、クライアントや上司が「インパクトがあるように」とか「引っ掛かりのあるように」とざっくりオーダーしてくるケースもあると思います（笑）。そういうオーダーに、純粋に応えようとすると、蛇足になってしまったり、ただ気持ちわるかったり、大体おかしなことになってしまいます。「インパクトがあるようにした」という自己満足で終わります。なぜならその文脈には「消費者やユーザーが居ない」からです。

「〇〇のヤツ、と呼ばれるように」というのは、生活者に視点を置いた考え方です。「インパクトがあるように」とか「引っ掛かりのあるように」というオーダーには、「〇〇のヤツ、と呼ばれるように」と考えることで適切な答えが見出せると思います。

これは近年では、ＳＥＯ対策という点でも、とても大切です。「商品名を忘れた状態で検索する」ことをイメージして、その検索ワードから逆算して考えてみるのも良いでしょう。

「気持ちわるい」が良い理由

この「〇〇のヤツと呼ばせる」ということに、少し近いテクニックをご紹介します。

例えば犬のキャラクターがいたときに、足がすごく長くて、色が紫色だったりしたらちょっと気持ちわるいですよね。でも、とても印象に残ると思います。音楽もちょっとした不協和音を入れたり、定期的なリズムを踏むよりもちょっとズラすと耳に残り、気になるものになります。

視覚や聴覚に訴えるには、あえて気持ちわるくしてあげることも有効な手段です。

コンテンツは人の気持ちに紐づきますので、気持ちいいか気持ちわるいかというのは大事な要素です。ゆるキャラも、最初は「キモい」と思ってしまうようなものも、多かったと思います。いわゆる「キモカワ」と呼ばれるような、生理の逆をつくことで印象に残すテクニックです。これは、形や名前だけでなく、色やフォントも含めていろいろな部分で適用できる考え方です。

ただ、これはあくまで「基本」が分かった上でこそ使えるテクニックです。何が気持ちいいかを知っているからこそ、適度な気持ちわるさを表現できます。

書道で有名な書家が書く「崩し字」がありますよね。私は書道をしたことがなくそもそも字が汚いので何もわかりません。そんな私からするとテキトーに崩したらそれっぽくなるような気がしますが、私がそれっぽく書いただけでは「ただの読めない汚い字」です。

ファッションの世界でも同じです。あえて「ハズす」という技がありますね。これもオシャレの基本を解っているから出来ることです。オシャレの基本を解っていないおじさんが、ハズしたファッションをしても、ただの気持ちわるいおじさんになってしまうだけです。

『Numer0n（ヌメロン）』の話

『ヌメロン』という番組を以前つくりました。知らない方は、このタイトルに「気持ちわるさ」を感じませんでしょうか。この番組は二人で戦うゲーム番組で、互いにわからないように設定した3桁の数字を推理していくゲームです。ラテン語やイタリア語で「数字」や「数える」を意味する「numero」からつくった造語です。『ヌメロン』はテレビ番組ですが、その目的は、当時広がり始めた「スマートフォンでヒットゲームをつくること」でした。そもそも『ヌメロン』はスマホ用のゲームコンテンツであり、テレビ番組はその拡散装置という位置づけでした。マスに向けた番組としては意味不明すぎて良いタイトルとは言えません。しかし、テレビからの派生ゲームではなく、あくまで「オリジナルゲーム」という位置づけをしていくためには、明らかに「テレビ番組としては不自然なタイトル」にして印象づける必要がありました。また、スマホというデバイスで展開する以上、スケールさせるには「検索しても他と被らない名前にする」必要もありました。『ヌメロン』が、テレビ番組であることを主語にしたゲームだったら『3桁クイズ』とか『数字推理バトル』などになっていたでしょう。そもそもテレビ番組のためにゲームをつくるとしたら日本語や漢字を使ったゲームにしていたと思います。「気持ちわるさ」を利用することは、目的によっては有効な手段になるということです。

『NumerØn』
2012年からフジテレビ系列で放映されていたゲーム形式のバラエティ番組、および同名のテーブルカードゲーム。著者の髙瀬敦也が企画をし、アプリ化もされた。

過去に答えがある

これまでは、つくり手としてコンテンツを「広がるようにつくる」ことについてお話ししてきましたが、ここでは少し違った視点でコンテンツを広げるための考え方や方法をご紹介します。

企画職ではなく、営業や広報といったポジションで仕事をされている方々にも応用できると思います。

最近のビジネスシーンではよく「ストーリー」が重要だと言われます。私が何かご相談を頂くときも「ストーリーを考えてほしい」といったオーダーがよくあります。少しふわっとした分かりにくい言葉ですよね。私も、最近まで「ストーリー」という言葉を改めて解釈したことがなかったので、分かりやすく言語化するためにいろいろ考えました。その結果、得た答えは「背景」です。

「ストーリー」という言葉は、あるコンテンツを「今後伸ばしていくためにどうすればよいか」考えるときに出てくるのですが、それは「今」を起点として「未来」をどうしようか、という話です。しかし「未来」の戦略を考えるとき、最も大事なのは「過去」です。

マンガやアニメ、ドラマなどをつくるとき、最初にまずキャラクターの設定づくりに多くの時間を費やします。なぜならキャラクターが明確にならないとストーリーを描けないからです。

たとえば主人公が42歳独身のユウヤという男性だったとします。一歳年下のステキな女性ジュンコと出会って恋に落ちました。ジュンコは長身のロングヘアーで、40代とは思えない美女です。ユウヤがジュンコに声をかけるときどんな風に声をかけるでしょうか。これだけではまったくイメージできませんよね。ここでユウヤに設定を付けてみましょう。

横浜在住。おとめ座のA型。背が低く小太りで、好きな食べ物は海鮮丼です。どんな会社に勤めているのか、たとえばヨシダ食器という食器のメーカーに勤めているとします。

それだけではなく、そこからどんどん掘っていきます。なぜ食器メーカーに入ったのでしょうか。実は、ユウヤは学生時代レイコという女性と付き合っていました。しかしユウヤはフラれてしまいます。レイコは年上の社会人スグルに告白され、スグルに気持ちが移ってしまったのです。そしてスグルが働いていた会社は、ヤマダ食器という会社でした。このヤマダ食器とヨシダ食器は長年のライバル会社でした。ヤマダ食器には、かの有名な『お茶碗 山田くん』というヒット商品があります。ユウヤはスグルと戦うためにヨシダ食器に入社したのです。

もうこれだけで、昔の恋愛をかなり引きずるタイプだという人物像が出てきます。あまりモテるタイプではなさそうですし、少しプライドも高そうですが、過去のトラウマをエネルギーにして頑張っていく人のようです。そんな人が42歳になって、久しぶりに恋に落ちた女性にどんな声の掛け方をするのか。中々声を掛けられなさそうです。トラウマやプライドも邪魔しそうです。もしかしたら声をかけても聞き取れないような小さな声で、ジュンコは気付かないかもしれません。

このように、ユウヤの生い立ちという「過去」が分かるから、どんな風に声をかけるか、という「未来」が描けるのです。キャラクターが出来上がってくると、その言動は必然と決まってきます。たとえここで、レイコに対して軽快にナンパするように声を掛けさせたかったとしても、ユウヤはそんなことができるキャラクターではありませんよね。これを「キャラクターが動き始める」と言います。フィクションである登場人物たちが、勝手に未来のお話をつくっていくようになります。

どんな商品やサービスも、その未来の戦略は「過去」に答えがあります。過去を掘り返し、言語化していく、すると必然的に外してはいけない「ストーリー」の続きがあり、未来にとるべき戦略が見えてきます。過去がたとえ失敗と評価されるものであっても、それはストーリーという大きな時間軸で見れば財産になります。その過去が消費者の心を掴むお話にもなるのです。

〝いいカンジ〟の言葉をみつける

人がモノをイメージするのは言葉からです。みかんと言われればオレンジ色の果物をイメージします。グレープフルーツはやや大きめの黄色い果物です。この直線的なイメージを逆手に取る方法があります。言葉を〝置き換える〟のです。

私にはよく行く中華料理店があります。酢豚がすごく美味しいお店です。普通の酢豚は、豚肉がやや固めのイメージがあると思うのですが、このお店の酢豚のお肉はとても柔らかくて、ホロホロ崩れ、口の中で溶けていきます。しかも、〝あん〟を絡めずに上からかけています。「他には無いオシャレな酢豚だなぁ、すごいなぁ」と思いながら食べていました。

ある日、上からかけられている〝あん〟を絡めずに食べました。そのときに気付きました。私が食べていたのは「豚の角煮」でした。オシャレな酢豚の正体は「豚の角煮の甘酢あんがけ」だったのです。これを「酢豚」と置き換えたことで驚きが生まれていたのです。

「豚の角煮の甘酢あんがけ」というメニューだったら、「普通の角煮の方がいいよ」となっていたかもしれません。

他にもいつも思うことがあります。私はプリンが大好きです。その中でもパステルの『なめらかプリン』という商品が大好きです。極限まで柔らかくした、まさになめらかなプリンです。初めて食べたときの感動は忘れません。差し入れするときはいつもパステルで買っています。みんなとても喜んでくれます。

しかし例の酢豚の一件以来、思うことがあります。「これは、もしかしたら、プリンではなく、カスタードクリームなのではないか……」と。もちろんあれだけ美味しい大ヒット商品ですから様々な技術やノウハウがあってこそ生まれたものだと思

iPhone
米国アップル社が開発したスマートフォンのシリーズ名。
iPod、携帯電話、インターネットや電子メールの送受信等が行える携帯情報端末、これら3つの機能を併せ持った機器として登場した。

います。でも、もしこの〝置き換え〟をしていたのだとしたらスゴすぎます。真相は分かりませんが（笑）。

もう少し一般的な例で言えば『iPhone』です。『iPhone』が発表されたとき「iPod」「携帯電話」「ネット通信機器」の3商品の合体版だとプレゼンされていました。しかしこれが、『電話機能付きiPod』や『電話のできるパソコン』だったらどうでしょうか。「電話（Phone）」を主語にしたところに人を惹きつけるものがあったのではないでしょうか。「電話（Phone）」だったから、iPodユーザー以外のたくさんの人たちも、生活の一部になることをイメージできたのだと思います。

このように「言葉の置き換え」はコンテンツ化を図る上で有効なテクニックです。ただのグレープフルーツを「イエローメガみかん」だと言われたら、それはもうグレープフルーツではない新しいコンテンツとして、人はイメージしてくれるのです。

当事者が使いやすい言葉は広がる

タイトルや商品名、キャッチコピーなど、言葉は様々な場面で関わってきます。流行っている言葉から学べることはたくさんあります。その中でも「広がる」言葉には、「当事者が使いやすい」という共通点があります。

たとえば『こじらせ女子』。雨宮まみさんの『女子をこじらせて』(ポット出版)という自伝的エッセイから誕生した言葉です。私はこれは本当に素晴らしいワーディングだったと思っています。

「こじらせる」という言葉は一般的には「風邪をこじらせる」と使われるように「ささいなことなのに長引かせてしまっている状態で、且つ、それでもそのうち治る」というイメージの言葉です。風邪を引いたのは「自己責任」であることは解りつつも「ちょっとだけ可哀そう」だし「ちょっと心配」なイメージです。程よい自虐を表現するにはなんとも丁度よいワーディングです。

自分に何か欠点や弱点や恥ずかしいことがあるとき、周囲の人も指摘しづらいし、自分からもプライドが邪魔して言いにくい。そんなことってたくさんあると思います。でも『こじらせ女子』だったら、自分から「あたし、こじらせててさぁ」と言いやすいし、周りの人も「こじらせてますね〜」と言えます。その場が和んで笑いがおこるイメージすらできます。

これに近いもので言うと『しくじり先生』という番組のタイトルもあります。芸能人が過去に失敗したことを自ら語る番組です。「他人の失敗から学ぶ」ことを主旨としたものですが、「しくじった」「先生」であることで、失敗した人は話しやすくなります。「しくじる」とはまさに「失敗する」という意味であるものの、イメージするのは「しくじった〜！」のように、少し柔らかくて可愛げのある印象です。「失敗した人」という立場で、自分の失敗は話しづらいものですし、聞く人も気を遣いますが、「しくじった先生」であれば双方ともに随分と気楽です。これはキャスティングのしやすさにも繋がるでしょうし、その柔和なイメージは、視聴者にとっても親しみやすく楽しめるものになっていきます。

このように当事者にとって使い勝手の良い言葉とは、たくさん使われていきますので、勝手に広がります。複雑だけど、ある意味で人間らしい感情を巧みに利用しているとも言えます。

ネーミングやキャッチコピーなどの言葉は、コンテンツと切っても切れない関係です。コンテンツ自体が何なのかを伝えるということも大切ですが、消費者やユーザーに対して「そのコンテンツに触れたときに、どういう気持ちになるか」をイメージさせることも、コンテンツを広げていくという観点においては重要なのです。

思いやりのある〝返し〟の話

『こじらせ女子』も『しくじり先生』も当事者が使いやすいということは、当事者に対して「思いやり」のある言葉だとも言えます。まったくもってどうでもいいエピソードになってしまうのですが、私の中ではいまだにベストワーディングとも言える言葉があったのでここ

でご紹介させてください。

　私が新入社員として営業局に配属されたころ、たくさんの優秀な先輩たちがいましたが、それはもう怖い先輩ばかりでした。厳密には怖く見えていたということでしたが。入社1〜2年目の使えないペーペーからすれば、先輩たちがバリバリ働いているだけで魔人のように見えますから、それは恐怖の対象になるわけです。このあたりの感覚は共感してくれる方も多いかと思いますが（笑）。

　そして、私のいたスポット営業部というところは、一日中同じ場所に籠りきりでパソコンに向かうデスクワークでした。周りには恐ろしい先輩たちがずっとそばにいるわけです。10人ほどのチームだったのですが、基本的には皆黙って作業に没頭し、キーボードを叩く音だけが響きます。ずっとそんな状態ですから、先輩たちは場を和ませようとしてか、私たちペーペーをいじってきます。無理なのを承知で「アレ任せるわ〜」とか、「おまえは優秀だからな〜」とか「これが下剋上か〜」など。これは先輩たちなりのやさしさであるのは後々解ってくるのですが、当時ペーペーである私たちには魔人たちから注がれる「恐怖の呪文」でしかありません。褒められているのか、叱られているのか、はたまた特に意味のない暇つぶしなのか、当時の私たちにはナゾだらけです。しかし良い〝返し〟をしなければなりません。この突発的な〝いじり〟はある意味、大喜利なのです。当然中々軽快な面白い〝返し〟なんてできません。バリエーションもなければ、ネタもありません。いつも、どう返せば良いのか脳みそフル回転です。そんなとき、一つ年下のある後輩が絶妙な〝返し〟をしたのです。彼は、何か振られたとき、苦い顔をして言いました。

「お〜そ〜ろ〜しぃ〜」と。

「アレ任せるわ〜」「お〜そ〜ろ〜しぃ〜」
「おまえは優秀だなぁ」「お〜そ〜ろ〜しぃ〜」

あ、ぜんぜん伝わらないですよね(笑)。

でも、この言葉は、局地的にですが、とても流行りました。社員同士だけではなく、例えばちょっと仲の良い取引先からムチャな要求をされたときも「お〜そ〜ろ〜しぃ〜」と。

これは、肯定も否定もせず、茶を濁す天才的な逃げ口上だったのです。ムチャな要求って、要求をした相手も無茶なことが解っています。断られる前提で言ってもいます。よくありますよね。そんなとき、「お〜そ〜ろ〜しぃ〜」。相手を立てて崇める感じも出しつつ、自分がショックを受けていることも伝えつつ、イエスともノーとも言わず、誰も傷つかない。しかも、どんなパターンにも対応できる。すさまじい便利語でした。

これは、今思えば、日本人的な相手への「思いやり」のある〝返し〟方で、ある意味で「コンテンツ」みたいなものだったのかもしれません。

「マネしやすい」と広がる

コンテンツを広げる上で、意外と知られていない重要な点に「マネのしやすさ」があります。

コンテンツは「簡単にマネできない、オリジナリティ溢れたものがいいんじゃないの」と思われがちですが、そうではありません。

「会社の忘年会や大学サークルの飲み会でマネされる企画は良い企画」と言われます。酔っぱらいだらけの、うるさい宴会場で楽しめるということは、内容がシンプルだったり分かりやすい、ということです。

他にも「子供がマネする」のは普遍的な感情に作用する要素があるからですし、「ハロウィン」の仮装でモノマネしたくなるのは視覚的にインパクトがあるからです。

このように「マネしやすい」ということは、優れたコンテンツとしての要件を満たしているのです。

マネをしてもらえれば広がります。口コミやSNSやイベントなどを通してどんどん広がります。コンテンツとはたくさんの人が知って初めて評価されるものです。そして「たくさんの人が知っている」ということの価値が、どんどん大きくなる時代です。「マネしやすい」コンテンツは価値が高くなるのです。

マネは文化

マネしやすいようにつくることは勿論ですが、マネしやすいように変えていくこと、または、変えられることを許容したり、許容範囲を大きくするために対処することも、コンテンツを広げる上で大事なことです。

マネしやすくするということは、マネする上での壁を低くしてあげる作業です。材料がどこでも手に入るとか、安いとか、軽くて運びやすいとか、簡単で説明しやすいとか、短くてもいいとか、小さくすることも出来るとか、形を変えていいとか、色を変えていいとか。グローバルで言えば、言語の壁を越えやすいとか、宗教上の制約に配慮するとか、そういうことです。

たとえば、おスシ。世界に知られるようになったきっかけは様々ですが、アメリカ人に広がったのは、カリフォルニアロールからと言われています。アボカドとカニでつくられた巻き寿司ですが、これは地元ロサンゼルスで手に入れやすい食材を使ったから広がりました。スシが日本でしか獲れない魚や食材でしかつくれない料理であったらアメリカで広がることは難しかったはずです。

また、握り寿司よりも技術的にハードルの低い巻き寿司であったことも、広まった要因のひとつです。さらに、海苔の食感に対する抵抗感がある中、海苔を内側に巻くことでその抵抗感を無くすアイデアが加えられたことも、カルフォルニアロールが広まった理由です。

当時は「カリフォルニアロールは寿司なのか」という議論も起こりました。しかし、そもそもスシは「鮨」と書いていたものから、ネタに魚を使わないものを「寿司」と当て字で呼称し広まったとも言われているくらい柔軟性のある食文化ですし、結果的にスシの文化やその本質は失われず、本格的な鮨への理解も広がっていきました。

カリフォルニアロール：California roll
アボカド、レタス、かにかまなどを、海苔（のり）を内側にして巻いたすし。
刺身や海苔に慣れない米国人のために考案されたといわれる。

海外へ広がった日本のコンテンツという意味では、日本酒もあります。その味や楽しみ方を広げるにあたっては、関係者の相当な努力があったのだろうと思いますが、一つ大きなきっかけは、容器を一升瓶ではなく、ワインボトルのサイズにしたことであったといいます。海外にはそもそも一升瓶はありませんし、冷やすときに一升瓶サイズだと普通の冷蔵庫に入らないのです。しかし、ワインボトルの大きさならワインセラーに入ります。

これらはローカライズのケースとしても語られるエピソードではありますが、コンテンツという側面ではマネしやすくしてあげたり、それを許容したり、変化できたから広がった例です。

マネをしてもらうということは、多くの人に知ってもらうことはもちろん、オリジナルの価値を上げることにもなります。

カヴァーソングは分かりやすい例でしょう。若い世代が、好きなアーティストを通じて、知らなかった昔の曲を知る。結果としてオリジナルも売れたり、オリジナルの歌い手や作曲者へのリスペクトも集まります。

マネをされるコンテンツは、魅力的だからマネをされているのです。マネをしたい人を上手に利用することもコンテンツを広げるには大切です。

マネという言葉から著作権のことが気になる方もいるかもしれません。著作権はつくった人の権利を保護することが目的のように思われますが、「文化の発展に寄与」することが目的で、「著作物等の公正な利用に留意しつつ、著作者等の権利の保護を図る」ことを手段としています。

著作権の非親告罪化がコンテンツ産業の育成を妨げるのではないかと議論されているのは、コンテンツを「広げる」本質が、そもそも「マネしやすくすること」であるのと、「マネされて広がっていくことが文化」だったからです。権利は当然尊重される必要がありますが、コンテンツを広げることと、マネされることは切っても切れない関係にあるということの理解が必要です。

NGワードの話

『逃走中』という番組はマネしてもらうことにこだわりました。『逃走中』を見て「僕もやってみたい」とマネしてもらえれば、番組を知らなくてもたくさんの人に知ってもらえるし、好きになってもらえるからです。

その訴求のためには『逃走中』は「鬼ごっこ」ではなく『逃走中』であることをより明確にする必要がありました。途中から、取材を受けたときや番組のプロモーションをするときに「鬼ごっこ」と例えることをNGとさせてもらいました。他にも、その目的のために細かい演出を加えていきました。すると徐々に子供の間で「鬼ごっこ」ではなく「逃走中ごっこ」が流行り始めました。今思えば、このとき『逃走中』という「番組」が「コンテンツ」に昇華した瞬間だったのだと思います。

学校だけでなく、近所の公園で、お父さんが子供に頼まれ「ハンター」役になり、親子で走り回ります。ハンターが装着している「黒いサングラス」を商品化し、大人用と子供用をつくることにしました。グッズを考え提案すると、様々な企業が協力してくれるようになりました。ゲームをはじめ、いろいろなものがたくさん売れるようになりました。結果としてマネタイズにも繋がったのです。

コラボというリスク

コンテンツを広げていくために外部の力を借りることがあります。いわゆるコラボレーションです。これはコンテンツ同士のコラボもあるし、商品化のようなパターンもあります。映画化、漫画化、ドラマ化、ゲーム化のほか、おもちゃ、お菓子、ドリンクの商品化など様々です。コンテンツを広げるために、コンテンツ側から打診する場合もあれば、コンテンツがヒットしている場合、外部からコラボを依頼される場合もあります。お金儲けしたいという動機は勿論ですが、互いの力を使ってコンテンツを広げていくという目的で行われます。

例えばコンビニで商品が販売されるのなら、コンビニを使う人に広がりますし、ゲーム化されると、ゲームのユーザーにコンテンツが広がります。

コラボが期待しているのは、コンテンツがそれまでのマーケットから飛び出していくことです。新しいマーケットに訴求し、互いにマネタイズの可能性を広げることです。たとえばキッズアニメと子供に人気のお菓子のコラボ。ターゲットは子供で同じですが、狭義の意味でのマーケットは異なります。

しかし、同じマーケットで、かつターゲットを同じくするコンテンツ同士のコラボはメリットが少ないばかりかリスクさえあります。

リスクは一言で言えば「細部へのこだわり」が失われていくことです。

キッズアニメ同士がコラボしたとしましょう。一見「夢のコラボ」です。話題にはなるかもしれません。しかし「空は飛べない世界なのに飛んでしまう」「恐ろしい緊迫感が魅力なのにギャグを言ってしまう」など、矛盾が生じてしまいます。お菓子同士のコラボでもそうでしょう。友達と食べているシーンを想像していた商品と、一人で食べ切ることを想定している商品では、甘さの加減や大きさが違うはずです。コラボには、引き算を重ね、つくり上げ、積み上げてきたコンテンツの生命線である「細部」が失われるリスクがあるのです。

コラボは「掛け算」でなくては意味がありません。「掛け算」とはマーケットとターゲットです。

マーケットとターゲットが同じ場合、それは「足し算」になりがちです。先にお話しした通り「足し算」は蛇足なのです。コラボはコンテンツを広げるためには有効な手段ですが、組む相手の持つターゲットとマーケットを見極め、メリットがあるか吟味が必要です。コラボは「儲かるかどうか」ではなく「互いのコンテンツを広げることになるか」という視点で考えることで、結果的に大きな利益に繋がっていきます。

インフルエンサーに頼りきらない

コンテンツを広げようとしたとき、影響力のある人に頼りたくなります。発信力のある人を媒体として「たくさんの人に知ってもらおう」という施策です。

個人が発信できるようになり、個人がメディア化した近年では、この方法はとても一般的になりました。とりわけ、TwitterやInstagramなどSNSの登場は、個人の影響力を数値化しました。広告という意味ではフォロワー、インプレッション、エンゲージメントなどの数値により効果測定がシンプルになり、便利なツールだと評価されます。こうした手法は瞬く間に広がっていきました。所謂インフルエンサーマーケティングと言われるものです。

個人の力は今後益々大きくなりますから、コンテンツを広げるためにインフルエンサーマーケティングは絶対に必要な考え方です。しかし「インフルエンサーに頼りきった」とき、結果としてコンテンツが広がらないケースが多くあります。

例えば、どこかの町を盛り上げようと、たくさんの熱狂的なファンを持つアイドルをキャンペーンのアイコンとしてキャスティングしたとします。「可愛すぎるビールの売り子アイドルミキちゃん」をキャスティングしました。ミキちゃんは影響力がありますからファンはその町を訪れるでしょう。しかし、それではミキちゃんのファンだけになってしまいます。なぜならミキちゃんを媒体としたとき、届く相手はミキちゃんのファンだけだからです。ファンはミキちゃんを応援しているので、その町を応援することにはなりません。そしてファンが訪れるのもその瞬間だけです。なぜなら、ミキちゃんはまたすぐ別のキャンペーンの仕事をしたり、別のライブや舞台に出演していきます。ファンはミキちゃんがやっている仕事を応援しているので、別の仕事も応援しなければなりません。ファンも大忙しなのです。ミキちゃんのたくさんある仕事のうちの一つにすぎない「町の盛り上げ」だけに付き合っている暇はないのです。

つまり、ここで理解しなければならないのは、「ミキちゃん自身がコンテンツ」であるということです。

例えばあなたが「自分をコンテンツ化するためにYouTubeチャンネルを開設しよう」と考えたとします。そして「既にたくさんのファンを抱えている有名なYouTuberを、自分の番組のゲストに呼ぼう」と思い付いたとします。間違った考えではないですし、再生数は増えると思います。しかし、見に来る人はあくまで「有名なYouTuber」に魅力を感じている人たちでしかありません。

あなた自身の魅力やコンテンツの面白さが、見に来た人に伝わらなければ、あなたのファンが増えることはありませんし、チャンネル登録者数も増えません。ゲストが出なくなった途端、再生数も下がってしまうだけでしょう。

影響力を活かす準備

では、どう考えれば良いのでしょうか。広告的な考え方では、広めたいコンテンツに対して適した人をアサインします。商品に親和性があったり、そもそも関わりがあったり、「その人をキャスティングする理由」を求めるのが一般的です。

しかし、コンテンツを広げるために「影響力のある人に頼る」場合、むしろ「誰でもいい」ことが重要です。厳密には、広めたいコンテンツが「誰に頼ってもいい状態になっている」ことが必要です。これは主体がコンテンツ側にあることを意味します。

誰かインフルエンサーに頼るとき、「商品をその人のファンにまず知ってもらって、そこからこの商品を好きになってもらい、買ってもらう」という流れを期待していることが多いと思います。しかし、知ってもらったファンに「好きになってもらう準備」ができているでしょうか。買ってもらえるほどの気持ちにさせる策はあるでしょうか。そういうストーリーができていなければ、知ってもらったところで意味はありません。

「誰に頼ってもいい状態になっている」ということは、誰に知ってもらっても好きになってもらう要素があり、「買ってもらえるような気持ちにさせる施策が既にある」ということです。

コンテンツを広げるために「影響力のある人に頼る」場合、注意しなければならないのは「代替性があるか」ということです。

インフルエンサーを使ったプロモーションはとても大切です。しかし、インフルエンサーに頼ってもコンテンツ自体の力が上がるわけではありません。インフルエンサーを使ったプロモーション施策を、ストーリーの一部として考えることが大切です。

そして、理解しなければならないのは「インフルエンサー自体がコンテンツ」であるということです。流行っているコンテンツ（＝影響力のあるインフルエンサー）は極限まで引き算を重ねた繊細なものですから、「どこかのメディアに広告を出す」ようなことと並列に考えてしまうと、上手くいきません。

コンテンツから「人」をつくる

「インフルエンサーがコンテンツを広げる」ということは、つまり「コンテンツがコンテンツを広げる」のだということです。これを反対に考えてみると、コンテンツが広がったとき、その力を利用して「人」というコンテンツを広げていくこともできるということです。

「人気のテレビ番組から知らなかった面白い芸人さんを知る」「好きなアニメ作品から新しい声優さんを知る」みたいなことってありますよね。コンテンツ自体に広げる力がありますから、「人」という新しいコンテンツを生み出すことができるわけです。たとえば「ミス北海道」とか「ミス信州そば」といったものがありますよね。これらの「ミス○○」の目的は地域や商品のPR活動ですが、「北海道」や「信州そば」といった力のあるコンテンツであれば、ミスたちをスターにしていくことも可能なのです。

変えるものと、変えないもの

つくってみた、売り出してみたはいいけど、思ったように広がらないし、売れない。ビジネスシーンではこんな悩みが一番多いかもしれません。コンテンツを世の中に出すと、反応が返ってきます。それは素直に受け入れた方がいいですよね。変えるべきものは変えた方がいい。でも、何をどうしたらいいのか分からない。私はこのような状況の中でコンテンツづくりに参加させて頂くことも多くあります。「昔は売れてたけど、徐々に売上が下がってきた」「人気があったけど無くなってきた」そんなご相談を受けます。

そして当然みなさんいろいろ対策もされています。「広告を増やしてみた」「広告媒体を変えてみた」「パッケージを変えてみた」「リニューアルしてみた」などなど。そんなとき、いつも質問させて頂くのは「なぜそうしたのか？」です。広告ならなぜその媒体なのか、なぜその時期なのか、なぜその期間なのか、なぜその金額なのか。デザインの変更なら、なぜそのロゴでフォントで色なのか。リニューアルなら、なぜその味なのか、なぜその量なのか、なぜその名前なのか。そしてその答えに対して、またなぜなのかを教えてもらいます。相手からするとうっとうしいと感じられることかもしれません。しかし新参者の私にはわかりません。少なくともそのコンテンツを深く知らない、そのコンテンツを買ったことのない私には分からないのです。それはつまり、消費者もユーザーも同じだということです。

そして、そもそものコンテンツがなぜつくられたのか、場合によってはその会社がなぜ出来たのかについても「なぜ？」「なぜ？」を繰り返していきます。そうすると「コンテンツがつくられた目的」と「広げるためにとられた施策の目的」が違っていたり、相反するものであることが見えてきます。

コンテンツづくりはビジネスですから、結果が出なければ、いろいろな人が様々な意見を言ってきます。そしてどの意見もごもっともなことばかりです。しかし、対策は最初の目的に沿ってとられるものでなくてはなりません。世間からフィードバックを受けた時に、正しい方向に舵を切り直すために「そもそもこの船ってどこに向かってるんだっけ」という目的地を決めておかないと、対応できないのです。船がどこに向かっているかわからないと、どのルートを取ればいいかわからない。進まずにどこかの港で止まったほうがいいのかもしれない。小さい船に乗り換えるべきかもしれないし、そもそも船じゃなくて飛行機にした方がいいのかもしれません。「コンテンツを広げる」ということは、コンテンツが成長していくことと同じ意味です。

成長とは変化です。マネに対する許容も、コラボへの対処もしていかなければなりません。周囲から変化を促される場合もありますが、時間の経過から変化せざるを得ないときもあります。ターゲットの加齢や、テクノロジーの進歩など時代の変化もあります。こだわった「細部」にも影響があるでしょう。でもそれは、そもそも目的達成の手段ですから、変化に応じることが目的達成に必要であれば変えるべきなのです。そして新たに、こだわった細部をつくり上げれば良いだけです。

変えてはいけないのは目的です。その目的は大袈裟であればあるほど良いと言いました。大袈裟な目的、「大義」さえ変えなければ大丈夫です。

《変わってないフリをする》

コンテンツを広げるためには、時には変化が必要です。しかし変化したことすべてを、世の中に知らせる必要はありません。

なにかを変えると、人に知ってほしくなるものです。髪型などを変えたら気付いて欲しいし、気付いてくれなかったら言いたくなります。「髪型変えたんだけど」「ダイエットしてみたんだけど」「こないだ部屋を模様替えしてさ」などなど。ビジネスにおいても「リニューアル！」とか「新しいバージョンになりました！」といった情報は伝えたくなります。もちろんプロモーションのきっかけとして活用すべき場面はたくさんあります。

しかし、コンテンツにおいて、変化を知られることは時にリスクにもなります。なぜなら人は「新しい」ものに対して興味がある一方、習慣化されたモノや身近なモノの変化に対しては「拒否感」を覚えるからです。

人は飽きるように出来ています。それなのに、変わると人はびっくりします。昔からのファンは、好きなコンテンツが変わると「違うんだよな、あれが良かったのに」と言ったりします。消費者やユーザーは、わがままで、天邪鬼《あまのじゃく》です。そういう人たちにコンテンツを届けている、という理解が必要です。

変わったことを拒否されないよう、変わったことに気付かないレベルで進化を続けて、飽きさせない。こんな繊細な変化が、コンテンツには大切です。

そして「変わってないフリ」にはもう一つあります。それは「変わってないと感じさせるために、変えなければいけない」ケースです。

私は『パインアメ』が好きです。『パインアメ』は、発売から60年以上経ちますが、今尚売れ続けているロングセラー商品です。しかしこの『パインアメ』はずっと変化しています。アメのサイズを変えたり、舐めやすくするために溝の数を増やしたり、味も調整しているのだそうです。消費者が気付かないレベルでの変化ですね。

これは、時代と共に人の骨格が変わったり、体質が変わったり、食生活が変化したことに対応したものです。「昔から変わってないのがいいんだよなー」と言われているコンテンツのうち、知られてないけど変わっているものはたくさんあります。

人気の飲食店には「秘伝のタレ」のような「変わらない」ものってありますよね。でも、お客さんに「昔から変わらないね」と思ってもらうために、こっそり変えているお店も多くあります。

「変えること」自体が目的になってはいけません。消費者やユーザーに「飽きないなぁ」とか「昔から変わらなくていいね」と思ってもらうために変えるのです。変化とは、自ら進んでするものではなく、「ニーズに対処する」ということなのです。

悪ふざけするタイミング

コンテンツを大きく広げるにあたって「悪ふざけ」も必要です。コンテンツが当たって広がり始めたとき、コンテンツにとってはまさに最高の状態です。ついてきた消費者やユーザーは、コンテンツの動きに強い関心を寄せています。そういうときは、つくり手自身が楽しんで、思いっきりなんでもやっていいタイミングです。言わば「無双状態」です。新キャラもスピンオフも、コラボだって、海外進出だって、理屈は抜きでガンガン展開させましょう。

「好事魔多し」と言いますし、良いときこそ慎重になるものです。やっとの思いで育ったコンテンツを大切にしたい気持ちになるでしょう。しかし、コンテンツには「好事」にしかできないことや、「好事」にしか突き破れない壁があるのです。周囲やユーザーがクビを傾げてしまうような「悪ふざけ」をしてみてください。

自分がハマっているコンテンツが伸びているときに「ついていきたい」と思ったことはありませんか。好きなコンテンツが、たとえ理解不能な展開をしていても「何か深い理由があるのかも」とか「何かの伏線なのかも」と勝手にポジティブに解釈してしまいます。ただの「悪ふざけ」がどんどんエネルギーになって、さらなる推進力を生み出していきます。

「コンテンツがコンテンツを生む」と言いましたが、無双状態のコンテンツからしか生まれないコンテンツがあります。理屈では生まれない新キャラクターも、どんなにお金をかけてもつくれない新しいコンテンツも、生み出せる可能性が出てきます。「悪ふざけ」と、それが許される環境からしか生まれないものがあるということです。

そういうときは、人もお金も才能もどんどん集まるでしょう。邪魔する人も居なくなります。コンテンツづくりにおいては「好事にしか魔がいない」のです。

無双状態のコンテンツには、その力を利用して「文化」を生み出す使命のようなものがあります。掲げた「目的」や「大義」に向かって、思いっきり楽しんでください。文化はそうして生まれます。

「続ける」ことで磨かれる

コンテンツを広げるということについて、いろいろお話しさせていただきました。最後にコンテンツを広げるために最も必要なことをお伝えします。それは「続ける」ということです。

当たるものも、続けなければ当たりません。

新商品のTシャツを売り出したとします。でも、思ったより売れなかったので3日で撤退したとします。いくらなんでも諦めの早い感じがしますよね。そもそも、世の中にそのTシャツの存在が知られていなかった可能性が高いです。仮に、発売日にすごく宣伝していて、たくさんの人に知られたとしても、みんな忙しくてお店に来る時間がなかったのかもしれません。ネット通販をしていたとしても、たまたま給料日前でお金がなくて買えなかっただけかもしれません。こういう人たちには少なくとも、あと数週間だけ続けていたら買ってもらえていたわけです。

この人たちが買えていた場合、もしかしたら、すごく気に入ってもらえて、インスタで自慢して拡散してくれていたかもしれません。さらに、その人の友達には人気の売り子アイドルミキちゃんがいて、インスタでそのTシャツを知ったミキちゃんは、通販で買って、このTシャツを着てテレビに出てくれたかもしれません。たまたまテレビの中でそのTシャツが注目されて、めちゃくちゃ売れていたかもしれません。

三か月続けていたら、こんな風に広がっていたかもしれないのです。「続ける」ということは時間が経過することですから、その分だけ「人が接触する可能性を増やす」ということなのです。

続けるとはガマン

そして、「続ける」とは「ガマン」です。コンテンツを世に出した後、いろいろな意見がそのコンテンツに向けられます。当たらなかったコンテンツは変化を求められます。「改善」「改良」と言われる変化です。「何か付け足した方がよい」「色を変えるべきだ」「値段を変えてみたらどうだろう」など様々な意見が出てきます。時には変化も必要だと言いましたが、どのタイミングで決断するかが重要です。

売れなかったTシャツの色を、発売一か月後に変えたとします。このTシャツは元々ピンク色でしたが、ターゲットを広げた方がよいだろうという理由で白にしました。でも、人気のビールの売り子アイドルのミキちゃんは、ピンクが大好きな人でした。実は、ピンクだったから「カワイイ」と感じて、通販で買って着て、テレビに出演していたのです。一か月で白にしてしまったので、このTシャツが売れることはありませんでした。ガマンが足りなかったのです。もちろん現実にはタラレバはありませんから、このTシャツが、白にしたからダメだったのかは明確には分かりません。しかし、ガマンし続けられなくて変化させると、本来持っていたコンテンツの魅力が削がれ、そのコンテンツが短命で終わってしまうことも、往々にしてあります。

ガマンが必要なのは周囲からの意見だけではありません。予算、マンパワー、モチベーションなど、ガマンしなければいけないことはたくさんあります。

リーチ＆フリークエンシー

広告業界で使われる用語。
ある期間において、リーチは「その広告を何人が見たか」の値を、
フリークエンシーは「同一人物が何回その広告を見たか」の値をそれぞれ表す。

感情移入させる時間

コンテンツを広げるためには、続けなければいけない理由が、もう一つあります。それは「感情移入」です。

広げるというと「たくさんの人に知ってもらう」というイメージですが、コンテンツを広げるためには「より深く知ってもらう」必要があります。広告用語としてもよく使われる「リーチ」と「フリークエンシー」という言葉がありますが、深く知ってもらうとは、この「フリークエンシー」に当たる部分です。

コンテンツを広げる起点は「熱狂」であると言いましたが、熱狂にまで熱量を上げるには、まず、深く知って感情移入してもらう必要があります。

なんの変哲もないごく普通のボールペンでも、長く使っていると愛着が出てきますよね。別に然したる思い出がなかったとしてもです。なんとなく捨てづらい。感情移入の度合いは時間の経過と比例するとも言えます。そして、そこに思い出があれば尚更です。昔の彼女にラブレターを書いたときに使ったボールペンだったら強

い感情が伴います。誰かにそのボールペンを説明するとき「元カノにラブレターを書いたボールペンなんだ」となります。まあ普通は恥ずかしくてそんな説明をすることはないと思いますが（笑）。

とにかくそのボールペンは長く側にあったからこそ、ドラマチックなシーンに関わったのです。


テレビや動画を例にします。知らない人が出ているのと、キャラクターを知っているタレントが出ているのでは観る動機が違いますよね。特にその人が主人公になっている企画の場合は尚更です。バンジージャンプをしようとしていてドキドキしている様は、好きなタレントならその表情だけでも楽しめますが、知らない人がどんなに苦悶の表情をしていても、さほど楽しめません。

『あいのり』という番組を例にします。男女数人ずつが旅をしながら恋を見つけていく番組です。番組がスタートしたとき、仮にユウヤという人が出ているとします。観ている人は最初はユウヤがどんな人なのか知りません。しかし毎週観ているうちにユウヤの性格や生き様など、キャラクターが分かってきます。分かってくると、ユウヤが誰を好きになるのか気になってきます。

でもこの『あいのり』は誰かを好きになり、告白をすると旅を終えて帰国するルールです。せっかくユウヤに感情移入してくれて、ユウヤの恋の行方を楽しみに観ていた視聴者がいても、離れていきます。もし全員同時に旅を終えて、新しい人が一斉に参加して、知らない人ばかりの旅番組になってしまったらどうでしょう。もう観たくないですよね。ですからユウヤ目当てで観てくれる人がいるうちに、別のダイチという人に焦点を当てていきます。ユウヤ目当てだった視聴者も、毎週ダイチに関わるストーリーを観ているうちに、ダイチに感情移入していきます。そうするとユウヤが帰国した後でも、今度は別に気になるダイチがいますから引き続き『あいのり』を観てくれます。

これはどんな番組でも同じです。例えばクイズ番組には、同じクイズ番組内でもいくつかクイズの種類があると思います。仮に毎週三種類のクイズ企画をやっていたとしたら、ある日、急にすべてを新コーナーにすることはしません。人は新しいモノを拒絶する心理があります。三つともいきなり新しいものになると観ている人がびっくりしてしまいます。「どういうルールなのか」「どうやって楽しむクイズなのか」いちいち理解しなければいけなくなります。そうなると「面倒くさい」ので、その日は「観るのやーめた」となる人も多いでしょう。ですから、新クイズをやるときは三つのうち一つだけにします。いつも観てる二つのクイズを楽しんでもらいつつ、新しい一つの新クイズを徐々に知ってもらい、少しずつ感情移入していってもらうのです。

これはマンガ雑誌の連載でも同様です。すべての連載を一斉に終わらせたら、マンガ雑誌そのものへの感情移入をイチからスタートさせるような、難しい作業になってしまいます。テレビや雑誌だけでなく、どんなものでも同じことです。

感情移入には時間が必要ですが、その時間を待てない場合も多いでしょう。そういうときは、すでに感情移入された別のコンテンツの力を借りることで、新しいモノ単体で確保すべき感情移入のための時間を短縮していく。こういったテクニックが必要になってくるということです。

コーナーAが終了してから、コーナーBが始まる形式だと、
コーナーAに感情移入していた視聴者は感情移入する先が
一時的になくなり、番組自体を見なくなってしまう。

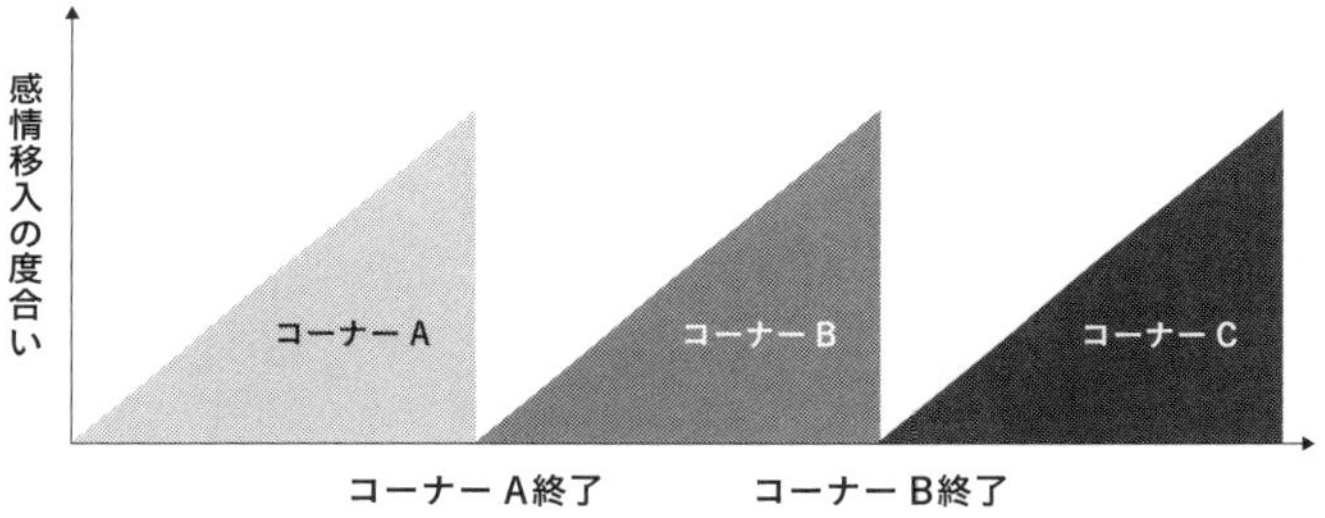

コーナーAが終了する前に新しいコーナーBを始めるようにすれば、
視聴者がコーナーAに感情移入している間に新しいコーナーBにも
感情移入をし始めてくれるので、番組を見続けてもらえる。

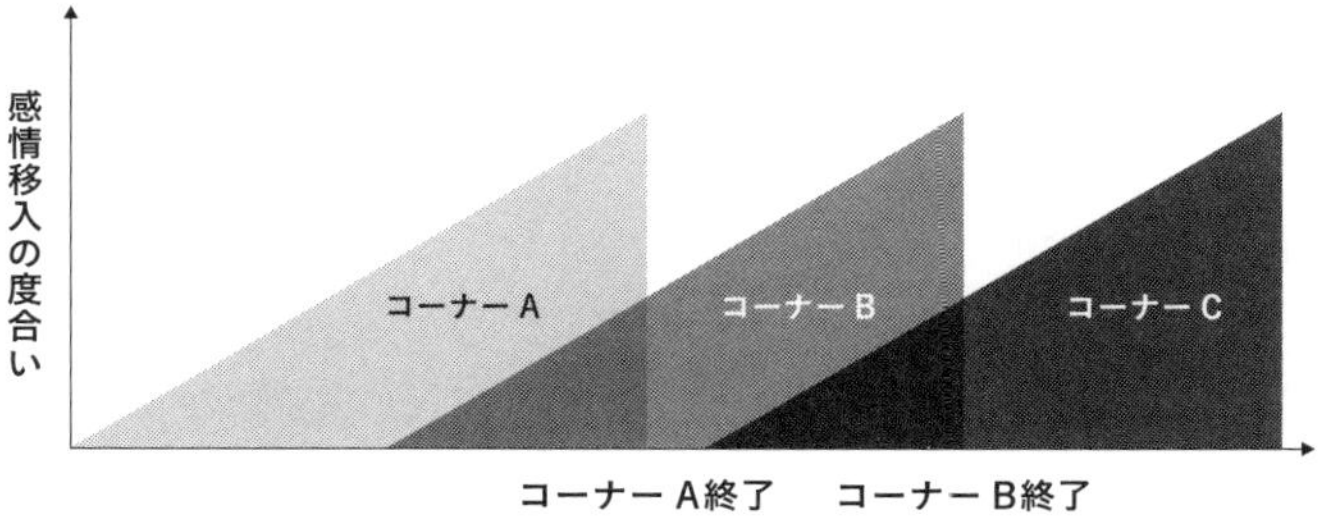

続けられるようにつくる

ガマンはときに「ムダに引きずっている」「しがみついている」と誤解されがちです。

もちろんコンテンツ化はビジネスですから、撤退することはトライすることと同じくらい大事な決断です。ただ、だらだら続ければいいというものではありません。コンテンツにおいて「続ける」ということは、あくまで「たくさんの人と接触し、リーチとフリークエンシーを高め」、結果として「当たる可能性を増やす」目的で行う行程です。

一方で、続けられないコンテンツは当たらないとも言えます。続けられるように設計することも必要な「つくり方」です。商品やサービスが出来上がって、それがどんなに素晴らしいコンテンツであっても、「一週間以内にリクープしないと続かない」ようなコンテンツはコンテンツとは呼べません。コンテンツによって当たるまで、必要な時間は異なりますから、その目利きもとても重要です。

やめたときに失うもの

コンテンツ化はまさしく「コンテンツにしていく作業」ですから、その作業時間は当たり前のようにかかります。

『AKB』は当たりました。コンテンツ史に残る偉業と言っても過言ではありません。しかしご存知の通りすぐに当たったわけではありません。最初どころか、かなり長い間「当たっていない」状態だったといいます。普通だったら「続けて」いられなかったレベルかもしれません。しかし、続けたのです。外部から様々な声があったはずです。お金もかかったでしょう。でも強い信念を持って「続けた」のです。少しずつ、人の目や耳に触れて、感情に入り込み、小さな熱狂を生み、一大ムーヴメントに至ったのです。

他にも、今では誰もが知っているヒットコンテンツで、ガマンしたからこそ当ったものはたくさんあります。「継続は力なり」と言いますが、これは「継続することがどれだけ難しいか」を示した言葉だろうと思います。困難を乗り越え続けられたのなら、得られる結果は計り知れません。

逆に、潤沢な時間と、それを支える予算や想いがあれば当たったコンテンツは山ほどあったでしょう。ガマン出来ていたら歴史に残るようなコンテンツになっていたものも、きっとたくさんあったはずです。

ビジネスシーンにおいて「トライしないことの逸失利益は無限大」と言われます。それと同様に「続けないことで生じる逸失利益もとても大きい」のです。

ムダに変えたくなる理由

当たっていても、変えてしまうときがあります。というか、変えたくなるのです。この動機は「不安」です。売れたり、ヒットしていることが不安になります。これは人の一般的な心理です。「幸せすぎて怖い」というセリフがありますよね。「このままでいいのかな」「飽きられるんじゃないか」、ヒットした瞬間から人気が落ちていく恐怖との戦いです。これはどの業界でも同じだと思います。「落ちていく」のが怖いから、変えたくなる。コンテンツは当たっていても変えられてしまいがちです。

一方で、欲もあるでしょう。ヒットをメガヒットまで持っていきたい。もっと儲かるようにしたい。当たったら当たったで、「もっと、もっと」となります。これも人間の分かりやすい心理ですよね。これは周囲だけでなく、当事者も陥りがちな考えなので注意が必要です。ヒットしているから「何か仕掛けたほうがいいのではないか」「ブラッシュアップしたほうがいいのではないか」「さらに磨き上げたい」と思う。ブラッシュアップというと、その言葉のイメージは何か加えていくような印象です。「よし、何か足そう」。これがまさに蛇足になります。ヒットしたコンテンツは極限まで「引き算」されているから当たっているのです。何も加えてはいけません。

当たっているときにやるべきこと、それは「キープ」です。ブラッシュアップとは、その名の通りピカピカにしてあげることにすぎません。つくって当たった、たくさんの人が良いと思ってくれているコンテンツを、そのままにキープしてあげることです。

ここで間違えてはいけないのは、「放っておくのとは違う」ということです。放っておくと錆びたりホコリをかぶったりします。それは変化ですよね。最初の状態を維持する、そのために汚れも落とすし、塗装がハゲていたら塗り足す。当たっているものは変化させないように手を加えていくのです。抽象的な話で申し訳ないのですが、これを知っているだけでコンテンツの寿命は伸びていきます。

第 3 章

テクノロジーとコンテンツ

すべてはテクノロジーの進歩と共にある

コンテンツづくりに0から1はなく、コンテンツは膨大なインプットから生まれ、コンテンツがコンテンツを生んできたとお話ししました。そういう意味では、世の中の大きな流れを理解しておくことはとても大切です。

世の中の変化は「人の欲」とリンクしています。「もっと便利に」「もっと楽に」「もっと簡単に」といった、人の欲を叶えてきたのがテクノロジーです。

結果として、あらゆるものがどんどんシンプルになっていきます。テクノロジーはすべてを単純化してきました。「大きくなくてはいけないもの」が「小さく」なり、「長い時間」を必要としていたものは「早く」できるようになり、「たくさん」必要だったことは「少なく」てもできるようになりました。すると「面倒くさくない」ことが当たり前になり「面倒くさい」ことへの拒否感が増していきます。

テクノロジーの進歩は人の欲を叶え続け、結果的に人の欲をむき出しにしてきたとも言えます。社会の求める新しいニーズを絶えず反映し、人々が気付いていなかったニーズが新たに発見されることもあります。

このように世の流れというのは、「人の欲」と「テクノロジーの進歩」によって起きています。人の欲をむき出しにしてきた「テクノロジー」は、コンテンツについて考えるときにも、切り離すことはできません。コンテンツはテクノロジーの進歩と共にあるのです。

人間の生理に合わせる

「人の欲」の源は本能であり、「生理」です。

人の生理は普遍的ですから、結果として表われる行動パターンも限られてきます。コンテンツづくりにおいては、そのパターンからはみ出たものは「ヒットしない」ということになります。

人に興味をもち、人の生理から考えれば、外さないものがつくれます。これはコンテンツづくりだけでなく、すべてに言えることだと思いますが、相手にするのは結局人間なのです。

生理に合ったスマホ向け動画とは

最近流行りの「スマホ向け動画コンテンツ」を例にして、生理に結びついた考え方とはこういうことです、という具体例をご紹介します。

近年は「スマホへの最適化」がビジネスの欠かせない要件と言われます。スマホに最適化されたサービスは当たり、スマホに適応できなかったサービスは衰退しています。動画コンテンツも同様で、最適化すべきだと考えられています。

最適化を考えるとき、当初はスマホの通信速度やバッテリーへの対応から、動画の「時間の長さ」が意識されていました。またスマホの画面が小さいということから「文字を露出するときは大きめのフォントにする」といった対応もありました。

最近は、スマホの画面は縦長であることから「縦動画」への対応が必須と考えられています。ほとんどの動画は「横長」でつくられてきたので、そのままでは表示されるサイズが小さくなってしまいます。スマホを横向きにすればフルサイズで観ることができますが、通常スマホは縦に使っているので、わざわざ横向きにして観るのは面倒くさいですよね。ですから「縦のままフルサイズの動画を楽しみたいというニーズに対応しよう」ということです。

『SHOWROOM』を始め、縦動画で成功しているサービスも多く、様々なメディアが縦動画を強く意識しています。最近ではInstagramが『IGTV』を発表して話題ですよね。IGTVは「縦動画であることを武器にスマホへの最適化を図り、YouTubeなどに対抗しようとしている」とも言われます。

では、スマホ動画の世界は今後、縦動画になっていくのでしょうか。答えとしては、縦動画が多くなるでしょう。しかしここで重要なのは「縦動画をどのように観せるか」です。

最近語られる縦動画とは「スマホというデバイス」を主語で考えています。本来、主語として考えるべきなのは「動画を観る人」であり「人の生理」です。

縦動画を意識したテクニックは以前から考えられてきました。撮影をするときカメラを動かしますが、「縦に動かすのがスマホ向きで、横に動かすのはスマホ向きではない」とか、「グループショットを撮るとき、テレビでは人を横に並べるけど、スマホでは縦に並べないといけない」等々。でも、これも主語がデバイスにあることに変わりはありません。

こういった話が出てくるのは「縦動画」にすることが「目的」になっているからです。目的は「スマホで動画コンテンツを楽しんでもらう」ことであって、「縦動画」はあくまで「手段」です。

では、スマホ動画を人の生理に紐づけて考えるとはどういうことでしょう。人は動画を何で見ているでしょうか。そうです。目で見ています。

人間の目は横についてます。人の一般的な視野は、横に180～200度、縦に120～130度と言われています。人間の目に映る映像は横長なのです。テレビがハイビジョンになったとき、画角が4：3から16：9に変わったのは様々な歴史や理由があるのですが、この画角を決める以前に、NHK放送技術研究所がアンケートを実施しています。このとき、最も好まれた画角は5：3だったそうです。この5：3というのは、ほぼ「黄金比」であったりもします。

このことから分かるように、縦動画は「デバイスに最適化しているかもしれないけど、人の生理とは外れている」ということです。

人がスマホの画面を見るとき、縦長には見ていません。5：3くらいの横長の映像を上下しながら見ているということです。スマホでネットニュースなどの記事を読むとき、スクロールしながらテキストを読んでいるときのことを思い出してみて下さい。基本的には画面の中心しか見ていないことに気付くと思います。

「横長推しの人はテレビに慣れて育ったからだ。子供のころから縦動画に慣れた若者は縦でも違和感がなくなるはず」という意見もあります。たしかに慣れるということはありますが、人の生理に基づいて考えれば答えは見えてきます。世代や生活環境は関係ありません。

例えば、『NewsPicks』のインフォグラフィックは分かりやすいだけでなく、ストレスフリーで読みやすくて大好きなのですが、その理由の一つに、横長のグラフィックを、縦スクロールで見せていることもあると思います。もし縦長が生理的に合うならば、縦長のグラフィックを横にスワイプするようになっていくはずです。

そもそも、スマホはなぜ縦長なのかを考えてみて下さい。手で持ちやすいからです。これはスマホ以前、ガラケー（フィーチャーフォン）の頃からですが、ワンハンドで使いやすいように、手のひらと指で支え、親指で操作することが出来るようにデザインされているのです。当たり前ですが動画を見やすいようにはデザインされていません。

視覚的であるということ

「人の生理がむき出しになってきている」という意味では、見るという目的に対してコンテンツはより視覚的になる必要があります。

世界的なヒットコンテンツとなった「ピコ太郎」さんを例にしましょう。ピコ太郎さんの動画の背景は白でした。これはご本人が様々なメディアで語っていますが、「背景をシンプルにした理由は、奇抜な衣装やキャラクターを際立たせるため」だったそうです。これはとても視覚的です。なぜ視覚的かと言えば、「見せたいものに対して他の情報量を減らしているから」です。ここで言う情報量とは、視覚的に人間がインプットする情報のことです。そもそも動画は静止画に比べて圧倒的に情報量が多くなりますから、視覚的な情報の差を強く感じます。

情報量を減らすというのは、背景への工夫だけではありません。見せたい対象を大きくすることで、相対的に他の情報を減らすことができます。例えば、カメラに顔を寄せてアップに撮ると画面に顔が大きく映ります。すると他の映像はあまり映らなくなります。視覚的というのは、派手にするとか目立たせるということではなく、見せたいもの、見たがってるモノの情報量を増やし、それ以外の情報量を減らすということです。

スマホの動画では視覚的であることが理屈以上に重要な感じがしています。テクノロジーの進歩により、人は要らないものへの拒否反応を強くしていますから、それも関係しているのかもしれません。

コンテンツづくりを考えるとき、生理を主語に考えるということは、今後益々重要になっていくでしょう。

差別化とは「テクノロジー」を入れること

ここで「テクノロジーの進歩」という文脈でコンテンツづくりについてお話ししたいと思います。

コンテンツは、過去のヒット商品や作品など、様々なインプットから生まれると言いました。しかし、過去のヒットから学べば学ぶほど「二番煎じ」になってしまうような気がする方もいるでしょう。差別化するために「足し算」をしたくなりますが、それは蛇足になってしまいます。では、どうしたら良いのでしょうか。その答えは「テクノロジー」です。「テクノロジー」を取り込むことで差別化するのです。

最近で分かりやすい例は、やはりスマホのサービスでしょう。ブラウザで提供していたものをスマホに置き換えるだけで新しいサービスになります。置き換える「だけ」と敢えて言いましたが、もちろんスマホファーストに置き換えるのは簡単なことではありません。そこには様々な分析やノウハウや苦労があったはずです。しかし、ユーザーにとっては「スマホ」に置き換えられたことが「新しさ」のすべてです。一般的な生活者は、ブラウザのサービスといちいち比較したりなんて面倒なことはしません。

テクノロジーを取り込むにあたっては、今まさに生まれた最新テクノロジーである必要はありません。『iPhone』の誕生は2007年ですが、ブラウザから置き換えられてヒットしたサービスのうち、ここ数年で生まれたものも多くあります。今をときめく『メルカリ』のサービスがスタートしたのは2013年です。

少し違った角度から言えば「フリーズドライの味噌汁」も例としてあげられるかもしれません。和食を欲する私のような中年の一人暮らしにとっては夢のような商品で、革命的でした(笑)。

インスタント味噌汁はそれ以前にもありました。フリーズドライという技術も元々は軍用に1960年ごろから開発されていたと言われています。しかし、ずっと前からあったインスタント味噌汁に、フリーズドライという技術を使ったものがなかったのです。

このように、そのジャンルにとって新鮮なテクノロジーであれば十分です。

私のような中年世代やそれ以上の世代の方が、企画の決定権限を持っている場面は多いと思います。何か新企画や新商品の提案があがってきたとき「それ10年前にあったなぁ」とか「俺が若い頃も同じような商品があったよ」と言いたくなる気持ちは解ります。しかし、類似したものがあった、過去に似たようなヒットした商品が存在したというのは「ヒットする可能性がある」ということです。あがってきた「見たことのある企画」にテクノロジーを掛け合わせてみて下さい。ヒットする可能性は高いと思います。

しつこいようですが0から1が生まれることはありません。膨大なインプットからしか企画や商品は生まれません。それに「新しいテクノロジー」を取り込む。そうしてできたプロダクトがニュースに取りあげられたり、SNSで拡散されたり、たくさんの人が知ったときに、人はそれを「新しいもの」と認識します。

コンテンツがメディアを選ぶ

コンテンツはたくさんの人に知ってもらうことでコンテンツになりますから、メディアとは密接な関係があります。そんな、コンテンツとメディアの関係にも、テクノロジーの進歩は大きく関わってきます。

コンテンツを発信する場合、最近までその媒体は限られていました。主なところではテレビ、ラジオ、雑誌、本、新聞、映画などでしょうか。そのためどんなコンテンツをどのように発信するかはメディアが決定権をもっていました。もっと言えば、メディアがコンテンツを内包していたと言えるかもしれません。コンテンツという言葉が一般化する前は、テレビやラジオなら「番組」、出版なら「本」、というようにメディアごとに呼称が別々だったことにも表れています。

しかし、近年はテクノロジーの進歩によりたくさんのメディアが誕生しました。メディアは発信してこそメディアです。発信するためにコンテンツを欲しています。コンテンツがメディアを選べる時代の到来です。そして、YouTube、Twitter、Instagram、Facebookなどの誕生は個人で情報発信することを容易にしました。コンテンツはいつでも、どこでも、誰でも発信できるようになりました。

情報通信の分野では、ネットワークなどの通信インフラを「土管」と呼んだりしますが、コンテンツにとっての「土管」はメディアです。テレビ局や出版社など限られた「土管」を通さなければいけなかった頃は、土管側にも意思がありますから、コンテンツ自体に大きな影響を与えます。内容が変わることもありますし、内容が同じだとしても伝わり方が変わったりします。コンテンツに対するメディアの介入は、社会にとって良い面も悪い面もありますが、いずれにせよそれは当たり前のことでした。しかしこのプロセスは、たくさんの人や、その意思が関わってきますから、コンテンツの発信をとても複雑なものにしていました。

コンテンツはそれに価値を感じる人とのマッチングです。コンテンツの内容とメディアの相性が悪かったせいでヒットしなかったり、ヒットする要素のないものがメディアの力によって、あたかもヒットしているように見えることもあります。これはコンテンツの持つ力やポテンシャルに対しての正当な評価を難しくします。

太い土管や細い土管、もしかしたら土管と呼べないものまで、通り道の多様化は、コンテンツに主導権を与えました。さらに、土管がなくてもコンテンツの発信が可能になりました。それはテクノロジーの進歩がもたらしたコンテンツ発信の単純化です。単純化は、コンテンツにとってはその評価を健全なものとし、たくさんのコンテンツを生み出すことも可能にしました。

メディア選びもコンテンツの一部

少し話が変わりますが、1%って低い確率ですよね。100枚のくじから1枚の当たりを引く確率です。まあ当たるとは思えません。では0・01%。そのくじを2回連続で引き当てる確率です。ありえません。もし当たったら怖くなるくらいです。

一方で、人が1万人いるというイメージはどうでしょう。すごく多いですよね。催事だったら大イベントですし、社員数だったら大企業です。でもこの1万人という数字、日本の人口からしたら1億人の0・01%です。当たるとは思えない100枚のくじを2回連続で当てる確率と同じ数字です。

あなたが「良い」と思ったことに同じように共感してくれる人、それがどんなにマニアックなことでも同じように「良い」と思う人って1万人に1人くらいはいると思いませんか。誰かが何かをつくって発信したとき、「良い」と思う人が近くにもし1人いたとしたら、日本全体では1万人、世界では70万人にいることになります。これは、アーティストの間で「自分の主張や、やりたいことを信じてやり抜きましょう」と鼓舞するときに語られる例え話です。ファンが1万人もいるアーティストなら、自分の作品だけで一生食べていけるでしょう。これはコンテンツすべてにおいて言えることです。

しかしコンテンツがこの1万人に出会うためには、マスメディアなど限られた土管を使うしかありませんでした。そのメディアで届けるためのコンテンツづくりをする必要すらありました。しかし、今はとてもシンプルに届ける手段があります。どんなコンテンツでも1万人のファンを獲得することはできるのです。

これは、「言い訳ができなくなっている」ことでもあります。以前だったら「解ってくれない」とか「取り上げてくれない」といったように、コンテンツがヒットしない理由をメディアのせいにできました。しかし、シンプルに世界に発信できる時代です。主導権はコンテンツにあるのです。どんなメディアで、どこに、どんな風に発信するか選べます。だとするならば、メディア選びもコンテンツの一部です。

以前はメディアがコンテンツを内包していました。これからはコンテンツがメディアを内包していきます。テクノロジーの進歩は主導権をメディアからコンテンツに移しただけではなく、メディアをコンテンツの構成要素の一部にしたのです。

これからはコンテンツがヒットしなかったとしたら、その理由はメディア選びも含めて、コンテンツが悪いということになります。言い訳ができない時代です。

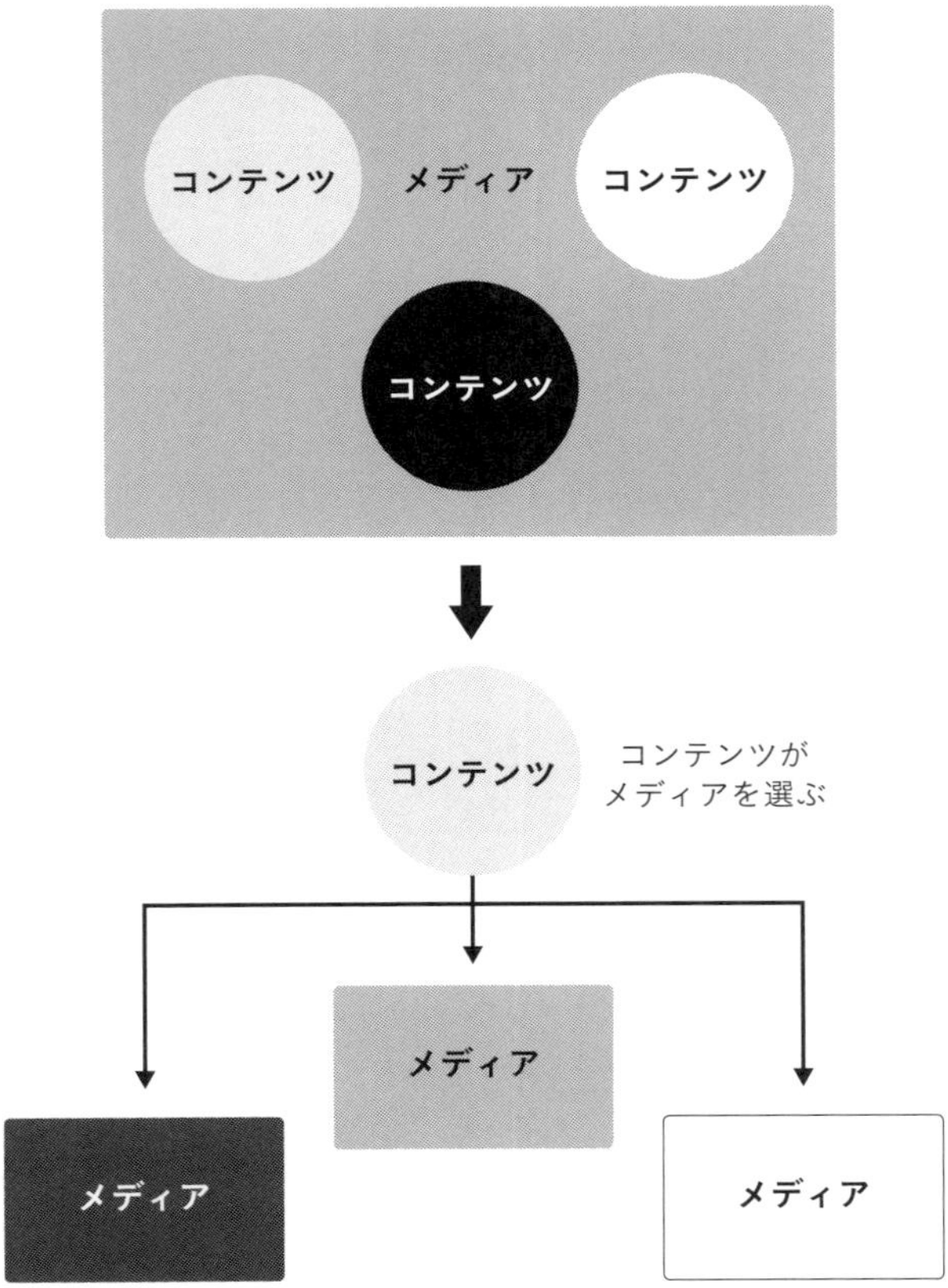
コンテンツ
メディア
コンテンツ
コンテンツ
コンテンツ
コンテンツが
メディアを選ぶ
メディア
メディア
メディア

「ムラ社会」への回帰

テクノロジーの進歩が生み出したもので、最近よく話題になるのが「シェアエコノミー」ですよね。例えばカーシェアリングやシェアサイクル、『WeWork』のようなシェアオフィスなど多くのシェアサービスが登場しています。このシェアエコノミーは「物の所有の概念」を変えるものとして登場しました。所有を、個人ではなくて「集団や社会全体でしていきましょう」というものです。

そもそも「シェア」という考え方は最近になって急に出てきたものではありません。「あ、お醤油切れちゃった。レイコちゃん、お隣さんに借りてきて」というのもシェアの形です。最近ではもう少なくなった光景ですが。

もっとずっと遡ると、人が古代から続けてきた行動の一つです。生きていくのに必要なモノを一人ですべて揃えるのはとても大変です。一生懸命揃えたとしても、使わない時間もあるし、すべて使いきれない。狩りをするために槍をつくっても毎日は使わない。肉を食べるために狩りをして獲った獲物も一人では食べ切れない。

だったら複数の人が集まって、つくった槍を使いまわせばいいし、獲った獲物もみんなで少しずつ食べればムダにならない。得たものをムダにしないで済むのなら、その分一人当たりの労働も減っていく。減った分の時間は休息にでも子育てにでも充てられるし、新しい道具をつくる時間もできる。

この方が合理的ですよね。皆で分け合えばより良い暮らしができて、リスクも減らせます。3人よりも10人、10人よりも20人の方がいい。最小単位を家族としてその数は増えていきます。こうしてできたのがムラです。

このように、シェアの形は元々人間社会に存在しています。今までだったら、隣近所の距離でお醤油の貸し借りくらいしかできませんでしたが、インターネットによってたくさんの人と繋がれるようになり、様々なシーンでシェアが可能になりました。アメリカから日本に来た外国人にも家を貸すことができるようになりました。テクノロジーの進歩が、欲しい人と提供できる人をマッチングできるようにしたのです。

〝シェア〟で地方創生する話

私がいま取り組んでいることのひとつに「SHARE46.net」というものがあります。これは「46道府県の自治体や企業の持つ価値を、互いに共有していこう」という概念です。

私は「地方創生」という言葉にずっと違和感がありました。「地方」という言葉自体が「中央（東京）」から観た景色だからです。「各地域を活性化する」ことが目的だったら別の言葉が必要です。そこで47都道府県から東京を引いた46という単語を選びました。

各地にはそれぞれの経済圏があります。小さな経済圏かもしれませんが、それぞれに得意な技術があり価値があります。鳥取のとある町で役に立たなかった技術やノウハウも、青森のとある村では必要とされているかもしれない。醤油が無ければ肉じゃがは作れません。お隣さんが醤油を持っていても、それを知らなければ「肉じゃがを作る」という発想も出てきません。

それぞれの地域で頭打ちになったことも、うまくできなかったことも、それはその経済圏の中だったからかもしれません。46道府県それぞれの経済圏を、他の経済圏と共有（SHARE）し、インターネットを通じて大きなネットワーク経済圏をつくっていこうという考え方です。

「メガトレンド」は二度と生まれない

こうした世の流れもコンテンツに少なからず関わってきます。先ほどの1万分の1の話は、テクノロジーの進歩がもたらしたコンテンツ発信者への変化ですが、視点を受信者に変えても同じことが言えます。

インターネットは、物事をスケールさせる文脈で必ず登場しますが、「たくさんの人に伝える」ということは、たくさんの人の目に触れるようにすることであり、「本当に繋がりたい人を見つけ出し、見つけてもらえる」ことを可能にします。

出会えるはずのなかった1万分の1の人たち同士が出会えます。遠くにいてもコミュニケーションが取れますから、好きなものを共にする喜びも分かち合えます。趣味嗜好を同じくする人と繋がりやすくなったことにより、居心地の良い場所を見つけやすくなったということです。コンテンツがつくる小さな〝ムラ〟（コミュニティ）がたくさんできます。そして居心地の良い場所があればわざわざ外に出ていく必要はありません。

小さな〝ムラ〟がつくれる今、結果としてメガトレンドが生まれにくい状況になりました。メガトレンドを生む必要が無くなったという方が正しいかもしれません。以前は、1万人のファンを獲得するためには100万人や1000万人に向けて発信する必要がありました。そのためにはお金もかかりますが、結果として多くの人が共有できるし、たくさんの人に共感されるためのノウハウが投入されます。メガトレンドを生みやすい土壌がありましたし、コンテンツ＝「メガトレンド」だったと言っても良いかもしれません。

いまは〝ムラ〟（マイクロトレンド）をつくることができれば、十分お金になります。1000人のファンがいれば、食べていけるし、10000人のファンがいればほとんどのコンテンツはリクープ可能です。

コンテンツづくりが単純化した今、大量生産が可能になりました。またメディアが増えたことで、大量に消費していくニーズがある、という背景もあります。

この結果、世代や生活圏を超えた共有は難しくなりつつあるという現象が起きています。

「昔は巨人が勝った負けたでみんなで盛り上がれたのになぁ」と寂しがる人もいるでしょう。しかし、そういう時代なのです。新しい『ディズニー』や新しい『FIFAワールドカップ』はもう生まれません。『ドラえもん』も『AKB』も、『コカ・コーラ』も『ビッグマック』も、そういうメガヒットを生むのが難しい時代になっていくでしょう。

最近、「映画やドラマでリメイクが多い」という、ある種の批判めいた評価や感想が多くありますよね。ビジネス的に安心感があり、出資者や協賛社が集まりやすいという理由も勿論ありますが、その本質的な背景は、「知っている」という価値が高まり「知らない」ものへの拒絶反応が強くなっているということがあります。これはテクノロジーの進歩が、人間の普遍的な生理をシンプルに表すようにしたという一つの結果でもあります。

これは良いとか悪いと言うことではありません。そういう時代になったという理解で十分です。そうなると今度は「みんなが知っている」ということの価値がどんどん上がっていきます。この「みんな」が世代や生活圏を超えたものであれば尚更です。

「みんなが知っている」コンテンツを持っている方々は、とにかく長く現役のコンテンツとして大切にするべきです。これからもっとその価値が上がりますから。

ＬＩＶＥ動画の勘違い

私は動画に関わる仕事を多くしてきましたので、ここで動画の今とこれからについて感じていることを少しだけお話ししたいと思います。

動画の時代と言われて久しいですが、その中でもＬＩＶＥ配信（生配信）サービスが注目されています。もし今から動画サービスや動画コンテンツを導入しようとされている方だったら、ＬＩＶＥ動画をイメージされる方も多いと思います。

私の周りでも、同様に考えられている方が多いです。「今やるならやっぱりＬＩＶＥだよね。ＬＩＶＥでやるからにはユーザーとコミュニケーションを取りながら、インタラクティブ（双方向）にやるのがいいよね」と。それはそれで、動画サービスの一つのカタチとして間違っていません。しかしこの発想で一つ大きな勘違いがあります。それは「ＬＩＶＥで動画コンテンツをつくることが、新しくて今っぽいから」そうすべきだ、という考え方です。

テクノロジーの進歩は様々なことを単純化してきましたが、動画コンテンツにおける単純化とは、「誰でも配信できるようになった」ということです。動画を配信するためには、以前は特殊な機材が必要でした。それにはお金もかかりますから、大きな企業やプロにしかできませんでした。しかし、テクノロジーの進歩によって一般の人でもできるようになったのです。

ではなぜＬＩＶＥなのかといえば、それが簡単だからです。動画配信サービスが始まったころ、編集するということは、まだ技術的にも複雑でしたし、発信する人にとっても面倒でした。結果として「編集する手間を省けるＬＩＶＥ」になったということです。さらに、ここで確認すべきは、これがあくまで発信者側の話であり、ユーザーや生活者にとっては関係ないということです。

動画をＬＩＶＥで楽しむということは、テレビの「生放送」のように以前からあるものですし、インタラクティブという点も、『テレゴング』や『ｄボタン』で可能でした。即時的なインタラクティブも『ニコ生』などで随分前から可能なことでした。ラジオのお便りハガキや生電話も、ずっと前から行われていたインタラクティブな演出です。

「テクノロジーの進歩」がもたらしたのは「ＬＩＶＥの動画コンテンツをつくること」ではありません。「スマホというデバイスが誕生」し「通信速度が上がった」ことによって、「だれでもスマホで動画を発信できるようになった」ということです。

ですから、テクノロジーの進歩の結果は、『ツイキャス』や『ＳＨＯＷＲＯＯＭ』、『17Ｌｉｖｅ』などスマホに最適化した新しい動画の「サービス」が誕生したということです。

つまり「動画コンテンツ」そのものにおいて「ＬＩＶＥであることはテクノロジーの進歩と無関係」です。「ＬＩＶＥ動画コンテンツ」がウケているのではありません。「ＬＩＶＥ動画サービス」がウケているのです。

どうでもいい違いのようですが「コンテンツ」を考えるとき、間違ってはいけない部分です。

エンターテイメントはすべてLIVEだった

そもそもテクノロジーの進歩の順番でいうと、エンターテイメントの世界は元々すべて「LIVE」から始まりました。音楽の演奏や演劇などのエンターテイメントは、その場に行かないと味わえないコンテンツでした。

その後、フィルムやカメラなどのテクノロジーが、その場でしか味わえなかったモノを記録に残すことを可能にしてくれました。このように、場所や時間を問わず楽しめるようにしたのが映像コンテンツなのです。

場所や時間を問わず楽しめるようになると、LIVEでは気にならなかった「邪魔な部分」が生理的に気になってきます。記録した映像を楽しむときの生理に合わせるべく「編集」というテクノロジーが出てきます。見にくい部分を見やすく、聴こえにくい部分を聴きやすく、要らない部分を削除し、より視覚的に聴覚的に最適化していく作業が編集というテクノロジーです。

編集したエンターテイメントは人の生理に合っていますから、当然支持されます。

そうすると今度は編集を前提として撮影していくようになります。「映像技術の進化」という流れに限って言えば、テクノロジーの進歩の正当なベクトルは「リッチに編集されたモノ」に向かっていることになります。3DやホログラムVRやARなどのテクノロジーはこの流れの先にあるものです。

LIVE動画が増えた理由は、「誰でも発信ができるようになった」ということであり「動画コンテンツの進化」とは全く違うベクトルによって起こっている現象なのです。

動画技術の進化

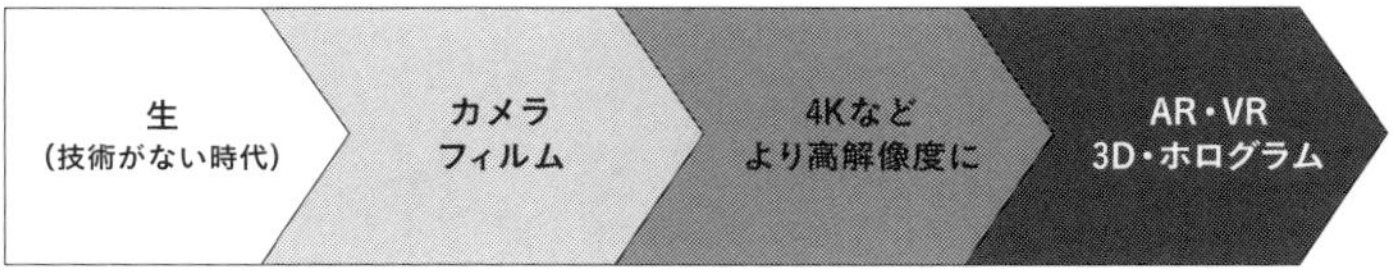
生
(技術がない時代)
カメラ
フィルム
4Kなど
より高解像度に
AR・VR
3D・ホログラム

編集動画の時代

「ＬＩＶＥ動画コンテンツがテクノロジーの正当な進歩の過程でない」ことをなぜお話ししたかと言えば、今は既に編集動画の時代になっているからです。

テクノロジーの進歩は誰でも簡単にＬＩＶＥ動画を発信できるようにしました。ということは、テクノロジーの進歩が次にもたらすのは「編集動画を誰でも簡単につくって発信できるようになる」ということです。テクノロジーの進歩の順序とベクトルを理解しておかなければ、この辺りも間違ってしまうことになります。その次は誰でも簡単にＶＲやＡＲなどのコンテンツをつくって発信する時代になるかもしれません。

分かりやすい最近の例をあげます。人気ＹｏｕＴｕｂｅｒの生命線は編集テクニックです。ＹｏｕＴｕｂｅｒたちの動画を観ていると、非常に理にかなった編集をした動画がたくさん見つかります。最近、仕事で動画について会話するとき「ＹｏｕＴｕｂｅｒがつくる動画みたいな」という括り方でイメージの共有をされる場面がよくあります。これはだいたい「チープ」とか「簡素」、もっと言えば「雑な」ということを意味しています。ネガティブな印象で捉える人もいます。しかしこれは違います。もちろんリッチな動画ではありませんが、それは不必要な手間を省き、人が求める動画をつくっている結果です。

人気ＹｏｕＴｕｂｅｒたちは毎日動画を撮影し、編集しています。ユーザーからの反応は数字で明確に表れ、膨大なノウハウを日々蓄積していきます。例えば、一見「荒い」と思われる編集の仕方も、そのノウハウから生まれ、テクニックとして採用されているケースがあります。そして、ＹｏｕＴｕｂｅｒは子供に絶大な支持を受けています。ＹｏｕＴｕｂｅｒも当然子供たちの反応を強く意識しています。子供の感覚は本能的ですから、人の生理に寄り添った動画をつくるノウハウが積み上がっていきます。

誰でも簡単に編集できるようになったことで、たくさんの編集された動画が世に送り出されます。それはシンプルな競争を生みます。編集された動画も、人の生理に寄り添う方向で進化してきています。リッチな編集をできる環境にあるテレビにおいても、一部の著名な制作者はYouTuberの編集テクニックを研究し、活用しています。

編集を楽しみたい人が増えている

少し前から流行している『TikTok』というアプリがあります。音楽に合わせてアクションした動画を共有できるコミュニティアプリです。多彩なフィルターや映像効果で簡単に編集できます。AR認識が楽しい『SNOW』も、もっと言えば『Instagram』のフィルター機能も、実はテクノロジーの進化によって「誰でも簡単に」編集を可能にしたサービスです。

最近では、休みの日に友達と集まって動画を撮り、加工や編集をして、共有して楽しむ人が増えています。

みんな本当は編集したいのです。もっと言えば編集したものを発信し、たくさんの人に観せたいのです。

これからは、もっと高度な編集が、もっと簡単に、もっと速くできるようになります。

動画は「情報や感動を記録し共有したい」というニーズによって生まれました。そして、その記録をより生理に沿うものにするためにできたテクノロジーが編集ですから、こうした流れは必然的です。

このような最近流行りの「動画コンテンツ」についても、「テクノロジー」と「人の生理」を考えれば簡単に整理できるのです。

半歩遅れが丁度よい

ビジネスをしている人たちはみんな「次は何がクルのか」「次に備えて今何を準備すべきか」と考えています。テクノロジーの分野に近い人ほどその感度は鋭いと思います。

テクノロジーはあらゆるモノの格差を少なくしてきました。情報についても同じです。インターネットの登場によって、どんな不便なところにいても、都会などの情報発信源と同じように情報を得ることができます。

しかし不思議なことに、住んでいる地域によって物事の流行るタイミングにはズレがあります。

「好きなタレント調査」ってよくありますよね。これと似たことを地域別に細かく定期的にやってみたことがあります。すると東京の中心で人気のあった人は、やや遅れてから埼玉や千葉で人気が上がり、さらにやや遅れて北関東などで人気が上がっていました。

もちろんすべてに当てはまるわけではないと思いますが、流行の広がっていく時間は距離に比例する傾向がありました。何か物事が起こったとき、情報はすぐ入ったとしても「生活者の実感に染み渡るまでに時間がかかる」ということです。口コミだったり、身の回りで変化が起きないと情報が自分のものになっていかない、ということでしょう。流行るものは、本格的に流行るまでに時間が必要なのです。

何が言いたいかといえば、情報がいつでも入る時代だからこそ、「早すぎに注意しましょう」ということです。アンテナが鋭い人ほど注意が必要です。

最近の当たっている新しいサービスの中で、それよりも早いタイミングで出た同じモデルのサービスが存在していることが多くあります。

とりわけインターネットの世界では「先行者有利」が顕著だと言われてきましたし、いわば「やったもん勝ち」のような面もありましたから、みんな「我先に」と急いでいたわけです。しかしその一方で「早すぎ負け」のような結果も最近のＩＴ

業界では〝あるある〟だと言います。

コンテンツについても同じことが言えます。生活者が相手である以上、その体感に従う必要があります。「ヒットメーカーは時代を捉えている」と昔からよく言われていますが、時代を予知することは不可能です。色々な地域で色々な人と話して、体感することで今の時代を感じます。感じることがあってからつくればよいのです。

情報だけは瞬時に広がる時代ですから、とりわけ注意が必要です。流行は生活者の体感によって広がります。生活者の半歩後ろで姿を見ながら歩調を合わせていくということです。半歩進んでいたら、生活者の姿は見えません。

第 4 章

コンテンツの終わり

コンテンツの究極は一般化

コンテンツの最大の栄誉は、「一般化されること」です。

コンテンツが広まり、たくさんの人が知ってそれが長く続くと、存在して当たり前になり生活の一部になっていきます。習慣になったり、普通名詞化されていくと、人がもはやコンテンツとして認識しなくなります。

なんだか禅問答のようですが、これがコンテンツの幸せなゴールと言えます。


たとえば、『ウォシュレット』。これは『TOTO』の商品名です。温水洗浄便座という道具の一企業の一商品名ですが、温水洗浄便座のことを指すとき、『ウォシュレット』という単語を使いませんか？　最近では『シャワートイレ』と呼ぶ人もいるかもしれませんが、これも『LIXIL』の商標です。たくさんのメーカーからたくさんのブランドが発売されていますが、温水洗浄便座を指す言葉として『ウォシュレット』や『シャワートイレ』が普通名詞化されています。このように商品名が普通名詞化していったものはたくさんあります。

一般化され、長く存在するものは身近にたくさんあります。たとえば「傘」。その起源は古代文明の頃と言われますし、今のように閉じられる傘になったのも何百年も前だと言われています。他にも「トランプ」のようなカードゲームや「サッカー」などのスポーツもそうです。起源や歴史は様々ですが、誰かが始め、誰かが名付け、広げていったことによりコンテンツ化し、一般化したのです。

ここまでスケールの大きな話でなくても、それぞれのカテゴリーやコミュニティの中でも一般化は可能です。仲間内だったり仕事相手との会話で「○○みたいな」とか「それって○○的だよね」とか「○○商法じゃないの」など。この「○○」にコンテンツの名前が入ることも一般化と言えます。イメージを共有するときに名前が使われるということは、それはコンテンツとして成功した証です。

一般化されるということは、つくったコンテンツが生活に入り込むということです。コンテンツをつくるとき、こんな風に生活に入り込んだ光景をイメージしながらコンセプトデザインをしたり、大きなストーリーを考えることも大切です。

終わらせたフリをして、次に進む

この本を読んで下さっている方の中には、すでにコンテンツをつくっている方もいると思います。コンテンツに終わりが近づいたとしても、コンテンツの産みの親からすると、一度産んだものを終わらせたくないし、中々そう簡単に割り切れるものでもありませんよね。

こういう時、自分の中で整理をつけるのに良い方法があります。

カッコイイ言い方をすると、「終わらせたフリをしておく」ということです。社会や会社にとっては終わっていても、自分の中では終わっていなくて良いのです。「もうちょっと続けていれば花開くのに」と思う場面はよくあると思います。しかも、プロであれば、それは決して利己的なものではなく、ただしがみつこうとしているわけでもなく、「もうちょっと続ければ、会社やクライアントや投資家の利益になる」という確信があっての考えだと思います。責任感や志がある人ほど複雑な気持ちになるでしょう。

そういうときは、「終わらせたフリ」をしておけば良いのです。「いつかまたタイミングが来るかもしれない」「予算がつくかもしれない」。その時を虎視眈々と狙って待っていれば良いのです。逆に言えば、そのアンテナを張っていないとチャンスが見えてきません。コンテンツは世に出た時点で誰かの目に触れています。種は蒔かれているのです。

それでも再開するチャンスがなかったら、それはやめた判断が正しかったとも言えますし、続けることに対しての「想い」がそれほどでもなかった、とも言えるでしょう。

コンテンツが終わるのは、外的要因ではありません。つくり手がやめようと思ったときが終わりです。

《念を残さない》

ここで、コンテンツを終わらせる側の立場の方へお話しさせて頂きたいと思います。

コンテンツはビジネスですから、ダメだったら終わらせなければいけない。それは仕方ないことですし、苦渋の決断でしょう。

コンテンツは、良いときには終わりません。現実的に終わるときは、ボロボロになって悲惨な終わり方をしていくパターンが多いと思います。特にヒットコンテンツが終わるときは、栄光とのギャップがありますから、その姿はとても悲しいものです。

ここで重要なのは「念」を残さないということです。

コンテンツは、つくるのも広げるのも、つくり手の「想い」が重要だと言いました。「想い」があるつくり手は、つくらせる側から見れば、対価以上に一生懸命働いてくれる貴重なエンジンです。しかし終わらせ方によっては、この「想い」がネガティブな「念」になってしまうことがたまにあります。

つくり手は優秀な人ほど、発注者やクライントのために頑張りますし、社会や愛など大きな目的のために働きます。生産性も志も高いつくり手は財産です。終わらせた後、また別のプロジェクトを一緒に進めることもあるでしょう。そのとき「念」を残すか残さないかは、その後の生産性に大きく影響してきます。ごく当たり前のことのようですが「想い」も「念」も目に見えない分、注意が必要だということです。

残り時間が次を生む

では、どうすれば「念」が残らないか。終わることの伝え方や、その後のフォローなどは当たり前ですが、一番大切なのは「残り時間」です。

まず、「残り時間」があれば、終わることの「ダメージを最小化」することができます。とりわけヒットしたコンテンツには、消費者やユーザーがついています。自分が好きだったモノが突如無くなれば悲しい思いをしますし、それが生活の一部になっていたら不便になったりもします。その喪失感は大きいものです。そうすると「念」が消費者やユーザーにも残ってしまいます。

そして、「残り時間」があると「可能性を最大化」できます。この可能性には二つあります。一つは「終わるということをイベント化しマネタイズできる」ということです。閉店セールなどが分かりやすい例だと思います。「これが最後のチャンス」「これでもう手に入れられない」という切迫感は、消費への強い動機になります。終わるまであと○分のようなカウントダウンは判断力を鈍らせますよね。タイムセールなども同じです。

もう一つは「次」への「フリ」がつくれるということです。お笑いでよくいう「フリ」「オチ」の「フリ」のことです。終わるコンテンツには、少数だとしても一定のファンやユーザーがいると思います。彼らをそのまま失うのは勿体ないですよね。できることなら、彼らを別のコンテンツやサービスに引き込んだり、新しくつくるコンテンツなど「次」へ流し込みたいですよね。それには「次」への「感情移入」が必要です。人は新しいモノへの拒否感があります。「残り時間」を使って、拒否感を薄め、「次」への興味を醸成していく「フリ」をつくっていくのです。「フリ」によって感情移入を促し、「次」へ引き込んでいく。コンテンツにはストーリーが重要ですが、終わることにもストーリーが必要だということです。

「残り時間」は人という財産を担保し、次を生み出す種になります。「終わるからどうでもいいや」では、それまで費やしたお金も時間もムダになってしまいます。勿体なさすぎます。

終われないと始まらない

終わりたいのに終われないということも、たまにあるケースです。費やした資金や労力が大きくて、やめるにやめられないということもあるでしょう。

しかし、一番多いのは、その理由が「人」に紐づくケースです。

例えば、「会社の偉い人が始めたから」とか、「取引上ほかに関係があるから」とか、「決定権者と仲がいい」とか、雑に言えば「やめると言い出しにくい」ということでしょう。今流行りの言葉で言えば「忖度《そんたく》」のようなものかもしれません。

実はこれ、終われないことが問題なのではありません。「終われないことで始まらないものが出てきてしまう」ことが問題なのです。

コンテンツはビジネスですから、予算やマンパワーは限られています。終わるべきなのに続けているモノにも、お金と人は費やされています。結果として「他につくられるべきコンテンツに必要なお金と人が回ってこない」ことになります。

もう一つ不幸なのは、終われないケースが一度出てくると、「終われなさそうだから、そもそも始めるのをやめよう」という考えになってしまうことです。企画やコンテンツには可能性があるかもしれないのに、始めない理由が「終われないから」ということが起きます。コンテンツにとってこれ以上の不幸はありません。

「終われない」というのは、ビジネスシーンではよくあることですし、それが総合的な利益になるケースもあるでしょうから一概に否定はできません。そもそも「続ける」ことはコンテンツにとって大切ですから、続けるための言い訳にされているだけの場合もあるでしょう。しかし、それによって世に出るべきものが出ないのはとても不幸なことです。「終われない」判断の先にも逸失利益があるという認識が必要です。

ハズれたコンテンツなんて誰も覚えてない

コンテンツが終わるときは凹みます。一生懸命やった仕事であればあるほど辛いものです。ヒットした後に終わるならまだしも、ただハズれて終わったときは、恥ずかしいやら情けないやら、とても落ち込みます。自分はともかく、巻き込んだ人たちに申し訳ない気持ちでいっぱいになります。「手伝ってくれた人や、出演してくれた人にお金や時間を使わせてしまった。ハズれたという結果は関わった人たちの汚点になってしまうかもしれない」。いろんなことを考えると思います。しかし、だからこそ敢えて言います。ハズれたコンテンツなんて誰も覚えていません。

当たらなかったドラマ、映画、ゲーム、マンガ、お菓子やドリンク、ネットを使ったサービス…。覚えていませんよね。そんなもんです。興味ないのですから。

ちなみに、当たらなかったモノでも好きなモノは覚えてますよね。それはポジティブな記憶です。「有名じゃないけど名作なんだよ～」とか「すぐ無くなっちゃったんだけど、アレ美味しかったな〜」とか。そういうものは一部の好きだった人たちが「隠れた名作」「知られざる名品」として語り続けてくれます。

何が当たるかなんて分からない

そもそもコンテンツビジネスはバクチです。こんな本を書いておいてなんですが、何が当たるかは分かりません。過去という歴史を見ればパターンはありますから、ハズれる可能性が高いか低いかは分かります。でも当たるモノだけは分かりません。当たったコンテンツは目立ちますから、当たった後にたくさんの人がいろいろな分析をします。ネットにもたくさんの記事があがりますよね。つくった人のインタビューもよくあります。でも、それは「こういうことしたのが良かったのかもなぁ」という程度のことです。言うなれば後づけです。成功要因として確実なのは「想い」や「熱意」だけです。理屈では分かりません。

コンテンツビジネスはある種〝運ゲー〟であり、バクチです。そして人は当たったものしか覚えていません。毎日数えきれないコンテンツがこの世に送り出されていますから、ハズれたコンテンツになんて構っていられませんし、記憶に残りません。これがコンテンツの良いところです。つくる人にとって、こんなに良い仕事はありませんよね。楽しい上にリスクがないのですから。

世に出せる環境に感謝する

コンテンツづくりはビジネスです。自分でお金を出してやっている人もいますが、仕事として誰かに頼まれたり命じられたりして、つくっている人がほとんどでしょう。

「モノ」や「サービス」は、ほとんどの場合、会社のお金でつくっています。まず、会社は資本家や投資家など、株主のお金でつくられたり支えられたりしています。また会社は、利益をあげるためにありますから、会社の従業員たちは利益を増やすために頑張って働いています。そういうお金で、自分のつくったモノを世の中に出してもらえているのです。もっと言えばお金も貰ってやっています。こんな幸せな状況があるでしょうか。

もしそのコンテンツが当たらなかったとき、会社としては損をしていますが、つくった人にとっては得しかありません。これは、つくり手が従業員の立場でも、外注で受けている立場でも同じことです。

コンテンツづくりはビジネスですから、制約があります。その制約の中で一生懸命つくります。でも、発注者からはダメ出しがあります。つくり直しもあります。納得いかないこともたくさんあるはずです。また、コンテンツは人がつくるものです。つくる人のそれまでのインプットから生まれますから、その人そのものです。それが解っている人ほど、自分のアウトプットを否定されるのは嫌でしょう。真面目な人ほど自分自身が否定されているような感覚を覚えるかもしれません。でも、勘違いしないでください。そのアウトプットは、色々な人の労働によって集められたお金で出来ていることなのです。

コンテンツの終わりに、つくり手がすべきことは、つくったモノを世に出せた環境に感謝する、ということです。

出したことに意味がある

コンテンツが生まれて、ヒットするとたくさんの人に認識されます。長く続くと、人の生活に入り込み、存在して当たり前のものになります。

そこまで到達できないコンテンツには、いつか終わりが来るということです。

目標を達成できなかった、ヒットしたけど飽きられた、方針が変わった、など理由は様々でしょう。

コンテンツはビジネスですから、やめるということも重要です。儲かっていたり、儲かる見込みがあれば終わることはほとんどありませんから、やめたということはプロジェクトとしては失敗という評価でしょう。

しかしコンテンツを主語にすると、世に出た時点で成功です。世に出た時点で誰かの目に触れます。少なくともつくる過程で関わった人たちにはコンテンツとして認識されています。そのコンテンツに影響を受けたり感化されたりすることで、何かを生み出す人が出てきます。それは、次のコンテンツを生む種になります。

精神論のようになってしまいますが、人が後悔するのは「やらなかったこと」です。「やったこと」は後悔しません。「やったこと」にするのは「反省」です。ではなぜ「やらなかったこと」に後悔するのか。それは「やらなかったこと」の可能性が無限大だからです。

好きな人に告白しなかったときの後悔のようなものです。告白してフラれても「努力が足りなかったのか」「タイミングが悪かったのか」「そもそも可能性がゼロだったのか」、考えることはそのくらいです。でも、告白せずに終わっていたらどうでしょう。「告白していたら、付き合えていたかもしれない」「そのまま結婚して幸せになっていたかもしれない」。妄想は膨らむばかりです（笑）。

アイデアがあったら、つくりましょう。具現化しましょう。その気になればいつでも誰でもできる時代です。コンテンツは世に出すことに意味があるのです。

おわりに

0から1は生まれません。この世のものすべてが、何かしらのインプットを種として、かみ砕かれたり、掛け合わさったりしながら生まれています。

本書も同じです。テレビやラジオ、新聞や雑誌、ブログやTwitter、先輩や後輩の話など、私がどこかで観たり聴いたり、教わったことを一旦飲み込んでまとめたものにすぎません。私自身の経験や感じたことも書いていますが、それだって何かのインプットがあって出来た経験や感想なのです。もしかしたら「この話、俺が言ったヤツじゃーん」と思われた方もいるかもしれませんが、お許しください。尊敬してます（笑）。

でも、この「どこかで観たり聴いたりしたことを誰かに伝える」ということは、私にとっては一番大切なことです。なぜなら私はそれこそが人の使命だと考えているからです。

私もいい歳になってきて最近「人の存在する意味」みたいなことを考えるようになりました。あ、あくまでたまーにですが（笑）。でも分かりません。当たり前ですけど。分かるわけありませんよね。分からないから、それは次の世代に託していくしかありません。

つまり、私に出来ることは「次の世代に何かを伝えていくこと」だけです。「次の世代に何かを伝えていくこと」、それは「伝承」です。伝承の究極はＤＮＡの継承ですし、そういう意味では子育てと教育は本当に大事な仕事だと思います。私には子供がいませんが、「コンテンツで伝承できればいい」と思ってこの仕事をしています。

少し話は変わりますが、年配の人は「今どきの若いヤツは」とか「将来が心配だ」と言いますよね。「自分より若く未熟に感じる下の世代に対して、次代を支えられるのか不安に感じて、未来を憂う」ような意味で使われるセリフです。でも、私は「人は若ければ若いほど優れている」と考えています。これは肉体的な意味ではありません。誤解を恐れずに言えば「人」として優れているという意味です。

「今どきの若いヤツは」という言葉は古代エジプトの遺跡にも書かれていたそうです。約5000年前です。当時は奴隷制度が当たり前の時代でした。約400年前には「斬り捨て御免」という武士の特権がありました。そのころもずっと「今どきの若いヤツは」と言われていました。もっと最近のことで言えば、20年前までは飛行機の中でタバコが吸えていました。今思えば、どれも信じられないことですよね。100年単位で考えれば、世の中はどんどん良くなっていますし、人は成長しています。今の世代より次の世代の方が人として優れていることは、歴史が証明しています。ということは、今「常識」と思われていることも、次の世代では「非常識」になってくるということです。

近年は「コンプライアンスが厳しくなった」と言われます。「コンプラ、コンプラ厳しすぎるよ、こんなんじゃ面白いものつくれないよ」といった文句もよくあります。私も気持ちは理解できます。でも、その「厳しすぎる」と思っていることは、10年後には「ありえない表現や演出として当たり前」になっています。

コンテンツをつくるときには「目的」が必要です。その目的は「大袈裟であるほど良い」と言いました。目的は人それぞれでしょう。その中でも究極の目的は「伝承」だと私は考えています。世のため人のためにつくるということは、世の中を良くするということです。コンテンツは次代の世の中を良くするための「伝承」です。不幸な歴史の記憶は大切ですが、人が幸せになるために不適切なことをコンテンツが「伝承」する必要はありません。

「伝承」とは「近道を伝えること」だと思っています。次代の人たちが不必要な間違いで遠回りしなくて済むように、近道を伝えることです。

私は今、20代の人たちとたくさん仕事をしています。みなさん本当に優秀です。私の知っていることやノウハウを伝えると、私が5年10年かかって理解したことを、1か月くらいで吸収していきます。私が知っていることで彼らが知らないことはそもそも多くないので、そのうち無くなってしまうと思います。それが無くなったら、食べていけるのか不安になるときもあります（笑）。でも私の中にある「誰かの役に立つかもしれないこと」が無くなるまでアウトプットしていくことが、私の存在する意味なのです。

そして、コンテンツはつくる人だけのものではありません。様々なコンテンツを世に広めている友人がいます。その人の周りには優秀なつくり手がたくさんいます。その人はいつも言います。「アイデアはすごい。僕はアイデアを借りてビジネスをしているだけだ」と。でも、その友人はコンテンツを広めるために汗をかき、たくさんのリスクを抱えながらいろいろなことを突破してきました。周りにいるつくり手は、その人のおかげでコンテンツという自分の遺伝子を世に出し、伝えていけます。つまり、友人がやっている仕事もまた伝承です。この世にあるものすべてがコンテンツであると言いました。この世にある仕事はすべて「伝承」なのです。

本書のタイトルは「人がうごくコンテンツのつくり方」です。最後に「人がうごくコンテンツのつくり方」をお伝えします。

読んでいただいた方にはお分かりだと思いますが、一貫してお話ししてきたのは「人の気持ち」です。コンテンツについて考えるとき、最も大切にすべきことは、そこに人の気持ちがあるのかです。つくり手の気持ちも必要ですし、生活者の気持ちを汲み取ることも必要です。なぜなら、人を動かすのは気持ちだからです。気持ちがないと「伝わらない」からです。
「人がうごくコンテンツのつくり方」は「人がうごく気持ちのつくり方」なのです。
だらだらと長く書かせて頂きましたが、この5行だけ覚えて頂ければ、十分です。
人はすぐ忘れるようにできてますから(笑)。これが私の伝えたいことのすべてです。
これで、本書を出した目的は達成です。

本書を世に出して下さった小早川幸一郎社長、編集者として携わってくださった高橋孝介さん、石田拓也さんに心から感謝いたします。

みたいな一文って本の最後によくありますよね。つくってみて初めてその一文を書きたくなる気持ちが理解できました(笑)。出版社の方のノウハウはスゴいです。
本はこれからもずっとなくならないコンテンツだと感じました。

本書へのご意見・ご感想は
こちらまでお願いいたします。

株式会社ジェネレートワン
E-mail：info@generate-one.com

【著者略歴】

髙瀬敦也（たかせ・あつや）

コンテンツプロデューサー。株式会社ジェネレートワン代表取締役 CEO。

1998 年フジテレビ入社、営業局にてスポットセールスプランニングに従事。その後、編成制作局にて「逃走中」「戦闘中」「NumerØn（ヌメロン）」など企画性の高い番組を多数企画。「逃走中」「戦闘中」ではニンテンドー３ＤＳのゲームもプロデュースし、シリーズ累計 100 万本を超えるセールスを達成。「NumerØn」ではアプリ化を前提とした企画としてゲーム内容からデザインし、スマートフォンアプリは 350 万ダウンロードを記録。また、深夜アニメブランド「ノイタミナ」の立ち上げに関わり、「ノイタミナ」を命名、ほか多数のバラエティ番組・アニメ番組をプロデュース。

また、ＤＪ活動も行い、主宰を務めた「O-range」「CSH4」などのイベントは当時一般的ではなかった“日曜午後のクラブパーティー”というコンセプトを広めることに貢献。自身もソロアルバム (CD) を全国リリース。

フジテレビを退社した現在、スマホ向け動画、ライブコマース事業の企画・プロデュースなど、IT 分野でも精力的に活動。また、マンガ原作・脚本制作、アイドルグループ・アパレルブランドのプロデュースを手掛けるほか様々な業種の新事業企画、新商品企画、広告プロモーション戦略立案など、幅広いコンテンツプロデュース・コンサルティングを行っている。

コンテンツのつくり方《かた》

2018 年 8月11 日　初版発行

発行　**株式会社クロスメディア・パブリッシング**

発行者　小早川 幸一郎
〒151-0051　東京都渋谷区千駄ヶ谷 4-20-3 東栄神宮外苑ビル
http://www.cm-publishing.co.jp
■本の内容に関するお問い合わせ先 …………………… TEL (03)5413-3140 ／ FAX (03)5413-3141

発売　**株式会社インプレス**

〒101-0051　東京都千代田区神田神保町一丁目105 番地
■乱丁本・落丁本などのお問い合わせ先 ……………… TEL (03)6837-5016 ／ FAX (03)6837-5023
service@impress.co.jp
（受付時間　10:00 ～ 12:00、13:00 ～ 17:00　土日・祝日を除く）
※古書店で購入されたものについてはお取り替えできません

■書店／販売店のご注文窓口
株式会社インプレス　受注センター ………………………… TEL (048)449-8040 ／ FAX (048)449-8041
株式会社インプレス　出版営業部 ………………………………………………………… TEL (03)6837-4635

ブックデザイン　金澤浩二 (cmD)
印刷・製本　中央精版印刷株式会社
ISBN 978-4-295-40226-8 C2034

仕事力を極限まで高める

最強・最速の姿勢矯正プログラム

超「姿勢」力

ZERO GYM（著）／定価：1380円（税別）／クロスメディア・パブリッシング

4週間で姿勢を矯正し、仕事で最高のパフォーマンスを発揮する。そのための方法を凝縮したのが本書です。「姿勢と仕事って、本当に関係あるの？」「どうせ、見た目が悪いと損するって話でしょ」そう思う人もいるかもしれません。でも、本書でお伝えするのはそんなぼんやりとした話ではありません。姿勢が悪いだけでパフォーマンスは相当落ちます。ぜひ本書で、姿勢矯正に成功し、疲れない体と輝かしい未来を手に入れてください。